北京汉阅传播
Beijing Han-read Culture

史家名著书系

Le Peuple

Jules Michelet

[法] 儒勒 · 米什莱 著
袁浩 译

吉林出版集团股份有限公司

依据以下版本译出: Jules Michelet, *Le Peuple,* MELINE,GANS ET COMPAGNIE, 1846

目　录

第三部分　论以爱之名的解放 / 祖国

献给埃德加·基内先生

这本书不只是一本书，它还是我本人。这就是它属于您的原因。

是我也是您，我亲爱的朋友，我斗胆这样说。您曾经合理地注意到这一点，我们的想法，无论经过沟通与否，总是很一致。我们生活的心境很一致……美好的和谐总会令人惊喜；难道这种和谐不自然吗？我们各种各样的作品都是发端于同样一个充满活力的根源：对法国的感情和祖国的观念。

接受这本书吧，这本人民之书，因为它是您，因为它是我。您是军人出身，我是工人出身，我们俩应该能和其他人一样代表人民的两种新式面貌，代表人民新近的出场。

这本书中包含了太多我自己的东西，我的生活，我的内心感受。书中所写更多来自我个人经历，而非我所学的东西。观察报告、好友关系、邻里关系都是我这本书的素材来源；我常常在路途上收集整理这些材料；机遇偏爱那些执着于一种想法不变的人。最后，我童年的回忆也提供了大量素材。为了了解人们的生活、工作和苦难，只需要查阅我的回忆录就够了。

我的朋友啊……这是因为我也是靠双手劳动的人。现代人的真正名字，应该是劳动者，我配得上这个名字，不止一种意义之上。事实上在做书之前，我已经开始撰写了；在收集想法之前，我已经整理好了信件；我没有无视车间作坊的凄凉，长时间的厌倦……

多么悲惨的年代！这是拿破仑帝国的最后几年；对我来说，一切似乎同时消亡，包括家庭、财富和祖国。

我的优势在于，毫无疑问，那就是我出这本书全靠经历的这些苦难；人和历史学家获得的优势很少，应该为他们带来点优势。我从那保留着一种深深的人民感情，对其拥有的财富的深刻认识：甘于牺牲的美德，金子般的灵魂的感人回忆，这是我在最简陋的生存环境里所了解的。

完全没有必要如此惊讶，和其他人对人民先前的发展史的了解一样多，另外，我和人民的生活是相同的，当有人跟我谈论起他们时，我感到有种对真相的需求。当我个人的故事进展引导我去关注那些现实问题时，当我看到书中对这些问题的激烈讨论时，我承认，在看到这些问题跟我的回忆相矛盾时，我也很惊讶。于是我合上书，我让自己重新回到人民的位置上，就像他们是我一样；孤独的作家再次深入人民之中，倾听他们的声音，记录他们的诉求……我会去向人请教，听取他们对自己境遇的思考，从他们的口中收集有见地的话语，这些话语甚至在最出色的作家中都是鲜见的。

这项调查从十年前于里昂开始，接着陆续在其他城市展开，同时靠近现实的人，靠近最积极的思想，靠近被我们经济学家所完全忽视的农村真正情况进行研究。我收集的这么多新资料在任何一本书中都找不到，因此人们很难相信其真实性。与有天赋的人和极其专业的学者交流之后，与人民的谈话就变得更有教益了。如果我们不能聊到贝朗热、拉梅内或者拉马丁，那就要去田里和农民一起聊聊天了。和他们交流，又能获得什么呢？对于沙龙聚会来说，我没有哪一次不是伴随着勇气的减少和热情的失去离开的。

我所做的各种历史研究为我揭露了很多历史学家闭口不谈的具有重大意义的事件和阶段，比如，革命前农业小地产的更迭。我从现实生活中提取材料做调查，获得了相当多统计表中没有的内容。我举个例子，可能有人觉得无关紧要，对我来说却非常重要，值得密切关注。快到1842年，穷人家庭无论收入多么微薄，或是因货币自然贬值导致实际收入下降，都买进大量日用棉麻织物。这件事对他们的重要性不亚于衣着干净整洁的进步，取决于其他很多美德，表明很多家庭在妻子的影响下呈现稳定性持续增长，妻子自己赚钱少，用丈夫的一部分收入来购进这些棉麻织物。妻子，在这些家庭中，是精打细算的，是干净整洁的，是保护人。她所赢得的影响都是道德观念的进步[①]。

① 这对日用织物不可思议的获得，所有工场主都能证明。这种获得还让人猜想某种家（转下页）

这个例子并非无用，它能表明在统计表和其他经济论著中收集的资料之多，即使以确定这些资料的准确性为前提，依然无法满足对人民透彻了解的需要；资料得出的结论不完整，有人为的痕迹，视角狭窄，会引起误解。

而作家和艺术家采取的方法与这些深奥的方法截然不同，像是将生活感受带进对人民的研究中。其中很多著名作家和艺术家已经开始着手这个主题，他们不缺这方面的才能；取得过巨大的成功。欧洲，长期以来，创造力不足，贪婪地吸吮着我们的文献著作。英国人几乎不再做期刊文章。德国人的书刊，如果不是放在德国，谁去读?

重要的是，检查这些法国的书是否在欧洲受到欢迎，是否足够权威，是否能真正代表法国，如果这些作品没有展现出某些特别的太过不利的面貌；如果在这些描绘中，我们找不到一点点我们的恶习和丑陋的话，与其他国家相比，这些描绘没有给国家带来太多损害。作家的才华和真诚，他们的道德准则中出了名的慷慨，这些使他的话语产生了难以承受的负担。世界对书的接纳如同法国接纳对自己的令人难以接受的评判。

法国这样严肃地对待自己，全身赤裸，向所有国家展示。其他国家，几乎可以说，依然穿着衣服，盛装出行。德国、英国也是如此，加上他所有的调查，所有宣传，相比较也名声有限；它们

（接上页）具和家庭用品的获得。不必惊讶于储蓄所从工人那里收到的比从仆人那里收到的少。仆人几乎不买家具，很少买衣物；仆人觉得主人给他穿衣服这种方式挺好；不需要像人们那样，去衡量经济进步对储蓄所的进步所起作用的大小，只需要相信没有存进储蓄所的钱都用在了小酒馆的吃喝上。好像家庭，我想说特别是女性，心想着，首先，让小小的屋内干净、引人注意、舒适惬意，小小的家庭内部不用跟它匹配。从那里，对花的鉴赏力如今已经退化到贫穷的相邻阶层。

看不到自己，还没有中央集权。

一个全身赤裸的人，最引人注目的是此人身体上的缺陷。缺陷总是被第一个看到。这意味着什么？一只手好心好意地放在这个缺陷上，这个缺陷在放大镜下会变得巨大无比，被无情地暴露在可怕的光亮下，甚至皮肤上出现的最正常的小问题就会暴露在惊恐的眼神里！

这就是法国正在发生的事。它不可辩驳的缺陷足以被积极性增长、利益冲突、思想碰撞说明，在有影响力的作家的手中一点点增大，变成可怕的怪兽。很快，欧洲眼里的法国就是一个十足的怪兽。

在政治世界里，没有什么有利于达成正直的人之间的互谅。所有的贵族，英国的，俄国的，德国的，只需要展示一种东西来证明与法国是敌对的：出自法国大作家之手的对法国场景的描绘，大部分人民的支持者和拥护进步者。我们这样描绘的人民，会不会引起世界恐慌？有足够的军队，足够的堡垒，把人民团团围住，密切监视，直到有利时机出现，将他们制服吗？

不朽的经典小说，揭露了富人阶层和中产阶级的家庭悲剧，明确证实了在欧洲人的观点里法国不再有家庭。

另一些作家，极富才华，充满可怕幻景，为我们城市的共同生活，描绘出了一个地点的幻象，在那里警察手下聚集了被释放的惯犯和苦役犯。

有风度的画家，细节的天赋令人赞叹，喜欢描绘令人讨厌的乡村小酒馆，尽是奴仆和小偷的咖啡馆，在这难看的草样中，勇敢地写下一个词，这个词能代表大部分法国人。

欧洲贪婪地读着，也十分欣赏，从中找到这样或者那样的小细节。从一个很细小的偶然事件，欧洲都能触摸到真相，从中很容易地总结出所有事情的真相。

没有哪国人民经受得住这种考验。自我贬低，自揭疮疤等种种怪癖，就像是自取其辱，越来越令人难以忍受。很多人，我知道，都在抱怨现在，想美好的未来快点到来；他们夸大痛苦，是为了让我们更快地享有他们的理论为我们准备的便利①。还是要小心为妙，小心为妙。这个游戏很危险。欧洲没有了解到所有这些技巧。如果我们感到可鄙的，它会非常相信我们的。16世纪的意大利实力还是很强的。一个有着米开朗琪罗和克里斯托弗·哥伦布的国家不会缺少干劲。不过因为它宣称自己是卑鄙无耻的，这是马基雅维利的观点，人们抓着他说的话不放，随意践踏。

我们不是意大利，感谢上帝，在某一天，人们相互商量，统一意见，来仔细打量法国，我们的士兵向人们致敬，这一天是他们最美好的一天。

对所有国家来说，只需要了解到他们的民众跟他们所谓的面貌完全不一致。这只是说我们的大画家总是那么不忠实；可是他们

---

① 哲学家，社会学家，政治家，如今他们全都同意要在人民的思想上缩小法国的观念。太危险了！考虑到这些人比其他人更像一个真正的社会，在整个极限的卓越和力量上。让他们脱离社会观念，他们会重新变得十分衰弱。革命的法国，是光荣，是信仰，所有政府对它说，这50年来，它就是个混乱、无意义、纯粹的否定。革命，另一方面，删掉旧法国，并告诉人民，在它的过去，没有什么值得回忆的。旧法国从他的记忆中消失，新法国开始失去光辉。这些人只一心坚持这样的政策，人民不变成白板，不会忘记自我。

这个时候这些人如何能不衰弱？他们不了解自己；人们所做的一切都是为了他们能丢掉成就他们生活的美好的统一的观念；人们拿走他们的灵魂。他们的灵魂造就了法国的观念，就像是活着的人的博爱，就像和我们古时候的法国人一起的社会。他们包含了这些时期，他们带着这些默默变动的观念，他们可能都认不出这些观念；人们不跟他们说着巨大的低沉声音，通常像是一座教堂中的低沉的管风琴的回响，让自己听到。

一般画的都是不寻常的细节，偶发的小事故，充其量在每种类型的图画中，事物的小部分和次要部分。大的方面对他们来说显得尽人皆知，太平庸，太普通。他们需要达到效果，他们经常在背离正常生活的那些地方寻找效果。出自动荡和骚乱的他们，可以这样说，有着暴风雨般的力量和热情，真实的接触，有时候显得既细微又强烈；一般来说，他们缺少大和谐的意识。

浪漫派作家相信艺术更多表现在丑陋上。他们认为最可靠的艺术效果展现在道德的丑陋上。他们感觉漂泊的爱比家庭更有诗意，偷窃比工作更有诗意，苦役犯的监狱比工人车间更有诗意。如果他们放下身段，通过承受个人的痛苦，在这个时代生活的真谛中，他们可能看到家庭、工作和人民最朴素的生活也有神圣的诗歌。感受诗歌和展示诗歌，这已不再是机器操作工的事了，并不需要增加戏剧化的意外事件。只需要化过妆的眼睛，在这柔和的灯光下，用眼睛在黑暗在渺小中在卑微中去看，心用来帮助眼睛看，在家中隐蔽的角落里，在这些伦勃朗*的阴影中。

当我们的大作家看到这里，发现他们已经是令人赞赏的了。不过一般来说，他们把目光投向了神话题材、暴力、荒诞、另类。他们只愿意警告说他们对待例外过分修饰。读者，特别是外国读者，相信他们对待规则过分雕琢。他们说："这些人就是这样。"

而我，刚从人民那里出来，曾和他们一起生活，工作，一起受苦，我比他们厉害，我好不容易有权说我认识他们，我要不顾一切地把人民的特点写下来。

* 荷兰画家。——译者注

这种特点，我没有只停留在表面，在优美的悲惨的面貌下；我没有看外部，而是进入内部体验。在这种体验本身上，不光有人民内心的某种东西，人民却不太理解这个东西，而我能理解它。为什么？我能顺着它的历史源头探索，看着它从时间的尽头走来。想限定在现在、限定在目前的人是不会明白现在的。想只看外部，描绘外形的，不会真正看懂：为了看得准确，表达忠实，必须要知道它掩盖了什么；任何一幅画都离不开解剖。

我并不指望在这本书里传授什么知识。剔除所有方法的细节，深奥的原理，准备工作，我只需要对我们的现存风俗习惯提出一些基本的意见，几条概括性的成果就足够了。

这里就一句话：

在我对人民的长期研究中，有一个突出的重要特点一直给我留下深刻印象， 那就是在随意的骚乱中，在苦难的不良习气中，我发现富人阶层有着丰富的感情，罕见的善心。并且其他人都能看得到；在霍乱流行时期，谁收养了孤儿？是穷人。

献身的能力，牺牲的力量，我以此作为划分阶层的方法。谁拥有的级别更高，谁就更接近英雄主义。精神的优势一部分是来自修养，永远不可能和至上的权力平衡。

在这一点上，通常会得出一个答案：“人民一般都少有远见；他们遵循着善良的本性，一片好意的盲目冲动，因为他们猜不到他们要付出的代价。”观察要准确，它不能摧毁我们能从坚持不懈的献身和不知疲倦的牺牲中所观察到的任何东西，勤劳的家庭经常做出这样牺牲的例子，这种牺牲在生命的完全献祭下不会完结，而会从一个生命延续到另一个生命，在数代人中相传。

在书里，我还有好多美妙的故事和你们分享。我做不到。我的愿望非常强烈，我的朋友，我想跟您分享唯一的一个故事，一个关于我家庭的故事。您应该还不知道这个故事；我们经常用哲学或者政治的方式来谈论，聊一些个人的琐事。我听凭这种欲望出现。这对我来说是一个少有的机会，去承认我的家庭对我做出的坚持不懈的英雄般的牺牲，去跟父母说谢谢，跟朴实的人说谢谢，他们中有些人把高级别捐赠藏匿在黑暗中，只想靠我生活。

我有两个家庭，一个在庇卡底，一个在阿登，原来都是属于农民家庭，也混入了工业文化。两个家庭人口多（一个有十二个孩子，一个有十九个孩子），我父母的兄弟姐妹中有很大一部分不愿结婚，是为了让家族中的几个男孩能进入中学学习。这是我应该记下的第一个牺牲。

特别是在我母亲家庭里，姐妹们的节俭、认真、朴素，十分惹人注意，变得像他们兄弟的谦卑仆人，为了满足他们的开销，她们隐居在村镇。然而有很多家庭，没有文化，在森林的边缘的荒僻处，还是有一个水灵睿智的可人儿。我就听到过有这么一位，上了年纪，她知道很多以前发生在边境的故事，跟沃尔特·司各特*一样出色。他们的共同之处在于，异常简单明了的思路和推论。在堂兄弟等亲戚那里，有很多神甫，各种不同的神甫，世俗的狂热的，但是他们不占主要地位。我们明理的庄重的贵族小姐不给他们哪怕一点点把柄。他们很自然地讲起我们的一个叔祖伯祖（姓米肖，还是帕耶亚？）曾经因为著书而被烧死。

我父亲的父亲曾经是拉昂的音乐教师，积攒着他不多的积蓄，

* 英国小说家，诗人。——译者注

恐怖时期后，住到了巴黎，在指券印刷厂做印刷工。不像其他很多人去买地，他把他拥有的一切托付给了我父亲的命运，也就是他的大儿子，把所有的东西都放在一家印刷厂，随大革命的形势而定。我父亲的一个兄弟和一个姐妹都不结婚，是为了生活安排更容易，而我父亲结了婚，他娶了阿登的一个庄重的贵族小姐，上文中我提到过。我于1798年出生在一个修女教堂的祭坛，而后祭坛被我们印刷厂占据了；是占用，不是亵渎：如今的印刷机，难道不是约柜吗？*

这家印刷厂兴盛起来，由我们的大会讨论、军旅新闻和现时阿登生活提供素材。快到1800年的时候，印刷厂因报刊大面积被禁而大受打击。我父亲只被允许保留一种教会报纸，而刚起步的印刷厂各种开支巨大，许可证被吊销，被一个拿破仑信赖的神甫接手，而他很快就背叛了拿破仑。

我们十分清楚，这位伟大人物因相信罗马教会的加冕礼比法国的更高级，也受到神甫重重的责罚。这事明确地发生在1810年。这团怒火烧到谁身上了？……烧到了印刷厂身上；他两年内用12道法令对印刷厂进行处罚。父亲为了神甫的利益，被他弄得几近破产，我父亲为了补他们的过，则完全破产。

一天早上，我们接待了一位到访的先生，比一般的拿破仑第一帝国政府官员礼貌得多，他告诉我们拿破仑皇帝将印刷机的数量降到60台，大型印刷机可以保留，小型的全部取消并附上补贴：这补贴少到可以忽略不计。我们是属于小型的：屈服顺从，不然就会饿死，没有什么能做的。然而，我们还有债务。皇帝没有给

* 约柜是犹太教堂内存放摩西五经羊皮抄卷的地方。——译者注

我们延缓期，与高利贷者相反，而是像他对阿尔萨斯所做的一样。我们只找到一种办法：给我们的债券持有人印一些我父亲的书籍。我们没有了工人，我们只能自己做这项工作。我父亲忙于外面的事务，没法帮我们。我母亲，有病在身，只能做装订工，负责裁剪和折叠。我，作为孩子，负责排版。我的祖父，上了年纪，身体十分虚弱，也做着印刷这苦差，他用颤抖的手压印。

我们所印的这些书，卖得不错，虽无太大价值，却与这几年悲惨的大范围毁坏形成强烈对比。这只是小小的想法，小小的游戏，社会娱乐，像字谜，像藏头诗。书里面没有什么东西去滋养年轻的排字工人的灵魂。不过恰好，这些悲惨的生产活动，单调而空虚，给了我更多自由的时间。这是从来没有过的，我相信，我曾经在想象中遨游，在我停留在排字字盘上的时候。我大脑中的个人离奇故事越有活力，我的手就越快，字就出得越快……我明白了当手工劳动不再要求极度灵巧，也不要求强大力量时，就不再是想象的束缚了。我认识很多出色的女性，她们曾经说不需要思考周全，不需要交流顺畅，同样能做好绒绣织锦。

我十二岁，还是什么都不懂的年龄，除了在一个年长的书商那里学到的四个拉丁语词，他曾经是乡村教师，特别喜欢语法，保留着旧时的风俗习惯，狂热的革命者，他仍然冒着生命危险救了这些他讨厌的流亡贵族。他去世的时候将他在世的一切都留给了我：一份手稿、一本非常出色但不完整的语法书，用了30或40年的时间去编的语法书。

非常独立，非常自由，相信我的保证，完全放任我，父母对我极其宽容，成就了极富想象力的我。我读了我能读懂的几卷，一本神话，一本布瓦洛的诗集，几页《效法基督》。

在家庭条件极其拮据困难不断的情况下，我母亲病倒了，父亲在外面那么忙，我依然得不到任何宗教思想……正是在这些书中，我突然觉察到了，在这个悲惨的世界尽头，摆脱死亡，就是另一个生命和希望！被接受的宗教，没有经过人这一阶段，在我身上非常强烈。它留在我这就像是我的东西一样，自由的东西，生气勃勃，充分融入我的生活中，它什么都摄入，在一大堆温柔神圣的东西构成的道路上变得强壮，在艺术和诗歌上，人们错误地认为它很怪异。

这些《效法基督》的最初话语使我陷入梦想，如何描述这种梦想状态？我不去读，我听……就像这种父亲般的温柔声音传入我的耳朵……我还看到一个大大的冰冷的家具搬空的房间；在一束神秘闪光照射下，它显得亮堂堂的……我不能在这书中讲得太多，虽不懂基督，却感受到了上帝。

我儿时最深刻的印象，除了上面这个，就是法国建筑博物馆了，可惜被毁掉了。在那里，而不是在其他地方，我最先感受到了强烈的历史印记。我用想象填满所有的陵墓，我感觉这些亡灵穿透了大理石碑，我从低低的拱门进入，并非毫无畏惧，达戈贝尔特一世、希尔佩里克一世、弗雷德贡德都长眠于此。

我工作的地方，就是我们的车间，还是那么昏暗。在一段时期，它会用作地下室，当我们住在大马路时，地势低的道路上就当底楼。有时候我祖父陪伴我，当他来到这儿的时候，不过大部分时候兢兢业业陪伴我的，如同一只勤劳的蜘蛛，它在我身旁干活，肯定比我还勤劳。

极其缺衣少食大大超出普通工人所能承受的极限，我获得了补偿：父母的温情，对我的未来充满信心，当人们想到我是这么的不够长进时就觉得非常费解。除了具备工作必需的条件之外，我还非常的独立，并且从不过度使用。我做过学徒，但和这些粗俗无礼的人没有接触，所以粗暴的言行可能会打碎这朵自由之花。每天早上，工作前，我去我的语法教师家，然后他给我五六行的练习。我牢记这些，工作的量所起的作用远小于人们以为的，孩子们每天只做一点点，这就像一个花瓶，开口很小，无论是倒出一点还是很多，都不会同时进去很多。

尽管我是音乐白痴，这让我的祖父感到非常痛心，却对拉丁语的雄壮威严和谐极其敏感；斜体字带着雄浑的旋律让我变成南方的阳光。我像是一株见不到阳光的小草，萌芽于巴黎的两块铺路石之间。另一个歌剧院的氛围非常好，我觉得，在既不知道古老语言的数量，也不知道其深奥的韵律之前，我找寻半天，找到罗马乡村的旋律主题，就像中世纪的散文。一个孩子，只要稍微有点自由，就会立刻走上很多平民孩子所走的道路。

除了冬天里的贫穷带来的巨大痛苦，这个时期，夹杂着手工劳动、拉丁语学习还有朋友的友谊（我很快就有了一个朋友，我在本书里将要提到），对我来说是很美好的回忆。丰富的童年生活，各种奇思妙想，各种爱的感觉可能已经有了，我不羡慕任何人的任何东西。我对他们说：做到真实的自己的人不知羡慕为何物，人们需要教他什么是羡慕。

然而，一切黯然起来。我母亲的病更严重了，法国也是（莫斯科！……1813年！），我们的资源耗尽。在我们经历的大匮乏中，我父亲的一位朋友建议让我进到皇家印刷厂。这是父母的巨大愿望！要是别人肯定毫不犹豫。不过我们家有我们家的信仰：首先是我父亲的信仰，所有人都为他做出了牺牲；接着是我的信仰；我，我要去补偿一切，去拯救一切……

如果我的父母，服从于理性，让我去做工人，他们走掉，我会迷失自我吗，我？不会，我看到在众多非常优秀的工人中，从头脑来说，不亚于那些文化人，甚至性格上比文化人更好……说到底，我是碰到了多少困难啊！缺少能力如何是好！如何逃脱时代的宿命啊！……我父亲没有多少资源和人脉，我母亲又病了，决定让我读书，无论发生什么事。

形势逼人。既不懂诗文，也不知道古希腊，我进入查理中学初中四年级学习。我的穷困，大家都明白，没有一个老师来帮我。一直都很坚强的母亲也感到绝望，流下了眼泪。父亲开始写拉丁语诗歌，这是他从来没写过的。

在从孤独到被人包围的难受过渡期中，从夜晚到白天，有最好的消息，毫无疑问，那就是老师，安德里厄达尔巴先生，他心地善良，是由上帝派来的。最糟的，是一起学习的同学。我在他们中间就像是白天的猫头鹰那样，受到很大惊吓。他们觉得我很滑稽可笑，到如今，我觉得他们说得对。我的穿着，我的贫乏都成为了他们的笑料。我开始意识到一件事：我是真的穷人。

我认为所有富人都很坏，所有的；我看不到有谁不比我有钱。我开始变得愤世嫉俗，这在小孩中非常少见。在巴黎最荒凉的地区，玛莱区，我曾经找寻过那些荒凉的街道……尽管如此，在对人类的过度反感中，还有这个是好的：我没有一丝渴望。

我最大的魅力能平复我的内心，是周日或者周四，把一章维吉尔的诗歌或者贺拉斯的一本书连读两三遍。渐渐地，我记住了他们；尽管如此，我从来没能学完一课后牢记在心。

我还记得，在过去的苦难中，目前的缺吃少穿中，未来的担忧中，敌人只有两步之遥（1814年！），我的敌人每天都嘲笑我，某一天，某个周四的上午，我蜷缩成一团：没有火堆取暖（大雪覆盖了一切），不太清楚面包晚上是否会送来，对我来说，似乎一切都已结束，我还是我，没有混入一点宗教希望*，一种纯粹的斯多葛派观念；我用被寒冷冻裂的手敲打着栎树桌子（这桌子我一直保留着），感受到一种朝气和未来的成年男性的喜悦。

我现在还担心什么呢，我的朋友，请告诉我，我，我已经死过很多次了，在我身上和在历史中？我还有什么愿望呢？……上帝通过历史给我一个愿望：去参与一切。

生活在我身上只有一个支撑，我在去年2月12日感受到了它，差不多30年以后。我重新出现在相似的一天，那天也是到处都被冰雪所覆盖，面对着同样的一张桌子。一个声音从心底发出："你觉得热，其他人感觉冷……这不公平……啊！谁能宽慰遭受这种无情的不平等的我？"那看着我双手的不平等，从1813年开始，这不平等便留下了寒冷的痕迹，我思量着自我安慰："如果你和人民一起工作，那你就不会是为他们工作……来吧，如果你把他们的历史交付给祖国，我会宽恕你的幸福。"

我回来了。我的信仰并不荒唐；它建立在意志之上。我相信未

* 基督教三德"信、望、爱"之一。——译者注

来，因为我的未来由我自己创造。我很快以高分完成了学业[①]。我感觉很幸福，在门口，我成功避开了两股使学生堕落的影响，一个是教训人的、威严的、枯燥无味的学校，工业生产般的书本知识，书店勉强复苏，轻易接受着最不受欢迎的散文随笔。

我一点都不想以笔杆子为生。我想要一个真正的职业；我最终从事的教师一职，我的学业对此产生过巨大帮助。从那时候起，我开始像卢梭那样认为，文学应该是永久保留项目，是生活中的美好奢侈享受，灵魂深处的精华。这对我而言是巨大的幸福，当早上我授课时，回到我的市郊的家，在拉雪兹神甫公墓旁边，在那里慵懒地读一整天诗歌，荷马的、索福克勒斯的、忒奥克里托斯的，有时候也读读历史学家的。我以前的工友，也是我最珍贵的朋友之一，波雷先生，也是读这些人的书，我们在一起相互交流，在樊尚森林公园漫步的时候。

这种无忧无虑的生活只持续了不到十年，在此期间，我没有料到我将来会有一天从事写作。我同时教授语言、哲学和历史。1821年，通过考试，我成为了中学老师。1827年，《维柯》和《现代史纲要》这两部作品的同时面世，让我成为巴黎高师的老师。[②]

这份教师工作对我的帮助特别大。可怕的中学考验改变了我的性格，让我紧绷不爱交往，变得羞怯不信任人。结婚早，生活中有着强烈的孤独感，我对人群社会兴趣渐失。而我在学生中发现

---

① 我非常感谢我们著名的维尔曼和勒克莱尔教授。我永远都记得维尔曼教授，读完一个令他满意的作业后，走下讲台，朝我走来，迈着迷人的步伐，在我的学生长凳上坐下，正在我的旁边。

② 我非常遗憾地于1837年离开这所学校，因为折中主义的影响在那时占主导地位。在1837年，法国的学院和中学也选我做它们的候选人，我最后也获得了我占据的这个教授职位。

的人群社会，在高师里的学生和在其他地方的学生，慢慢打开了我的心扉，心胸变得开阔。这一代代年轻人，亲切又自信，他们十分相信我，使我重新对人性产生好感。我十分感动，有时也会悲伤，看到他们一个接一个快速地来到我面前。我刚刚喜爱上他们，他们就要离开。他们去向各处，其中很多人（如此年轻）就去世了。很少人忘掉我；对我来说，无论是在世的还是去世的，我都不会忘记。

他们给了我诸多帮助，并不知道我是否会忘记他们。如果我像历史学家那样，一份特殊的功绩能让我站在这些显赫的前辈旁边，我把这种功绩归功于教学，它给我带来了友谊。这些历史学家是那么的出色，极具判断力，思想深刻。我更爱他们。

我承受的东西也更多。我童年时经历的艰难困苦现在还总在经历；我依然保留着工作的感受，体会着艰难费劲的生活，我成了人民。

我刚才说过了，我相信就像铺路石间的一株小草，它保存着的活力和阿尔卑斯山上的小草一样多。我在巴黎感到的空虚孤独，我自由的学习研究，我自由的教学（总是自由，到处都是）让我成长，同时并未改变我。几乎总是，那些升上去的人就在那里跌跟头，因为他们变了；他们混合了，折中了；他们失去了他们阶级的独创性，没法战胜另一个阶级的独创性。困难并非在于升上去，而是在升上去的过程中还能保持自己的本色。

今天我们常把人民的上升和进步与蛮族入侵相比。“蛮族”这词我喜欢，我接受……蛮族！是的，也就是充满新的活力，生机勃勃的使人重获青春的活力。蛮族，去未来的罗马的路上的旅行者，可能走得很慢，每代人前进一点，到死的时候才歇脚，其他人依然前行。

我们这些另类蛮族，有一种天然的优势；尽管上层阶级更有文化，我们却有更多必不可少的热情。上层阶级没有繁重的工作，强度也不大，没有渴望，没有工作意识。他们的风雅作家，真正的世界宠儿，好似在云端滑行，抑或极其古怪，他们不屑于低头看地；他们怎样使土地肥沃多产？这片土地需要吸收人们的汗水，需要被他们的热情和充满活力的德行所浸透。我们的这些蛮族为土地不遗余力，土地也喜欢他们。他们，他们极其喜欢，甚至过度喜欢了，全心全意，十分详尽，阿尔贝·丢勒式的神圣笨拙，让·雅克式的过度恭谦，他们并没有隐藏足够的技艺；通过这个小小的细节，他们损害了整体。不应过分责备他们；这是意志过度，爱的过剩，有时候是活力过多；这种活力，被错误地引导，剧烈动荡，自己被自己所误，它想同时献出一切，献出叶子、果实和花朵，它压弯了树枝，弄得弯弯扭扭。

这些伟大的劳动者的不足之处在我写的书中随处可见，他们没有自己的优点。那有什么关系呢！那些这样到来的，带着人民的活力，依然把新的生活和年轻化的阶层带入艺术中，至少这是种极大的努力。通常他们都会定下一个很高远的目标，比其他人都要高远，很少求助于他们的力量，而是听从内心。无论我在未来如何，就算没有达到历史目的，但也标出了历史目的，用一个没有人说过的名字来命名。蒂埃里在里面看到一个叙事，基佐看到一个概略。我把它称为复活，这个名字继续为它所有。

如果我来给我的书做评论，谁会比我更严格？公众对我有点好过头了。如今我出版的，我根本看不到其中的不完善，你们相信吗？……

“那您究竟是为什么要出版这些书呢？对您有很大好处吗？”

好处！……不少呢，你们会看到的。首先，我失去了很多的友谊。然后，我摆脱了一个不受干扰的状态，与我的兴趣爱好十分相符。我推迟了我重要作品的发行，我一生的不朽著作。

“似乎是为了进入公众生活？”永不！我已认真审视自己！我既没有强健的体魄，也没有才华，更没有人际手腕。

“那到底是为了什么呢？……”如果你们一定想知道，我就告诉你们。

我说出来，是因为没有人在我这个位子上说过。不是因为没有一群人更有能力去做，而是所有人都变得尖酸刻薄，所有人都在憎恨。我，我还希望……还有可能是我也更清楚法国的先例；我以他永恒的生命生活着，而不是以现状活着。我更生机勃勃，面对同情；更死气沉沉，面对利益；我开始接触到有关逝者大公无私的问题。

另外，我承受的不幸的分离比另一个人多得多，这种分离是人们一直设法在人与人之间、阶级与阶级之间制造的，这些在我身上都有。

法国的情况是如此严重，所以我们不能再犹豫。我不会高估一本书的影响，但是这关乎责任，而非权利。

好了！我看到法国每时每刻都在衰退，像亚特兰蒂斯那样沉没。当我们在那里，相互争吵时，这个国家沉到深处。

谁没看到，从东方到西方，死亡阴影笼罩在整个欧洲上空，每一天的阳光都很少，意大利消亡了，爱尔兰消亡了，波兰消亡了……连德国都快消亡了！……啊，德国，德国！……

如果法国是正常因病或年老死去，如果时间重来，我可能不再反抗，我会像即将沉没的巨轮上的游客那样，我掩盖我的脾气，又重新信仰起上帝……不过实际情况完全不是这样，这让我感到愤慨；我们的没落是荒诞的，可笑的，因我们而起。谁有对欧洲思想有决定性影响的文学？我们，却如此衰弱。谁有一个军队？只有我们才有。

英国和俄国，两个虚弱的大胖子，给欧洲以假象。大帝国，小人民！……要是法国是这样就好了，一会儿都行；它像人民一样强。

最重要的事，是在危机之前[①]，我们清楚地认识自己，我们没有，像1792年，像1815年那样，去换阵线、换操练演习、换方法妙计，在面对敌人的时候。

第二重要的事，我们为法国感到骄傲，而对欧洲毫无骄傲感可言。

这里，每个人都去找寻他最好的那些朋友[②]，政治家去伦敦，哲学家去柏林；共产党员说：我们的兄弟们，巴黎文献学院毕业生。只有农民保留着拯救的传统，对他来说，一个普鲁士人就是一个普鲁士人，一个英格兰人就是一个英格兰人。他的常识是对

---

① 我从来没有见过历史上有三十年和平的。——银行家，没有预测到任何革命（连七月革命都没有预测到，他们中很多人都在工作），答复道欧洲什么都不会变。他们给出的第一个理由是，和平有利于全世界。是的，有利于全世界，我们受益很少；其他人在跑，而我们在走；我们很快就位列最后。第二的理由，他们说，有借款才会有战争，我们不会把钱借出去的。如果是因为一笔财富而出现战争，比如俄罗斯做过的一次？如果能以战养战，就像拿破仑时期那样，等等？

② 随便找一个德国人，一个英国人，最主张自由的；跟他谈自由，他也跟你谈自由。接着稍微努力了解一下他们怎么理解自由。你们就会发现这个词有好多意思，好多民族，德意志民主，英格兰民主实际上都是主张贵族政治的，你们会发现你们以为被拿掉的民族隔阂依然无处不在。你们认为这些离得很近的人，实际上离你们都很远。

的，和你们全都相反，你们这些人道主义者！你们的朋友普鲁士，你们的朋友英国曾经有一天在法国吸收了滑铁卢的勇气。

孩子们，孩子们啊，我告诉你们这个：登上一座山，但愿它足够高；往四处看看，你们只会看到敌对者。

你们要努力相互了解。某些人给你们承诺的永久和平（在兵工厂的烟囱冒着烟！……你们看这黑色的浓烟在喀琅施塔得，在朴茨茅斯），我们开始在我们之中尝试和平。我们可能是分裂的；但是欧洲觉得我们更分裂。这就是让它变得勇敢的东西。我们自己思量的难处是，把我们的心意表达出来；不隐藏一点痛苦，好好找寻药方。

全体人民！一个祖国！一个法国！……我们不要分裂为两个国家，我请求你们。

没有团结，我们就灭亡。你们没有感觉到这一点吗？

法国同胞们，无论你是什么处境，什么阶层，什么党派，请牢记一件事：你们在这个世界上只有一个可靠的朋友，那就是法国。在依然存在着的贵族同盟面前，你们将总是有罪：五十年前，曾经想拯救世界。贵族同盟没有原谅它，而且永远都不会原谅。对他们来说，你们总是危险的。你们可以用不同的党派名来相互区分。不过，你们，和法国人一样，全都被判了刑。当着欧洲的面，法国，你们知道，不会只有一个名字，不能抵偿的，它真正的永恒名字：大革命！

1846年1月24日

第一部分

论奴役和仇恨

第一章

农民的奴役

想了解法国农民内心的想法和蕴含的激情，太容易了。每个周日去农村走走，跟着他们到处看看。就在我们眼前，这些农民走向内心和激情。凌晨两点了，他的妻子在做晚祷，而他穿上节日里才穿的衣服。我敢肯定他这是去找他的情人。

情人？就是他的土地。

我不认为他会径直走到那里。因为，他那天休息，他能自己决定去或不去。难道每天去还不够吗？就这样，他转过身去，或去别的地方，做别的事。然而最后，他还是去了。

事实上，他曾经有个很好的机会，当时离地是那么近。他望着他的地，却好像又进不去；他进到那里干吗呢？……后来他还是进去了。

至少，他很可能不在那儿干活；他穿着节日里的服装；他有白色工作罩衫和衬衫。没有什么能阻止他除野草，阻止他扔回这块石头。他被这树墩所羁绊，又找不到十字镐去除根，只能期盼明天了。

他无所事事，静静看着，一副既严肃又忧心的表情。看着看着，不知过了多久，都快到忘我的境界了。最后，也许是他感觉自己被注视，也许是看到一个路人，他漫步离开。又走了三十步，他停了下来，转过头，看了土地最后一眼，眼神里饱含深情而忧伤；然而，一个能看透这一切的人，却能看到这眼神中的热烈和发自内心的崇拜。

如果说这都不算爱，那么在这世上还能从哪一点发现爱的存在？是农民，别取笑他们了……土地需要他才能生产，不然这贫瘠的法国土地就废了，没有牲畜，没有肥料。地之所以能出产，是因为被赋予了活力。

在法国，土地属于1500万到2000万的耕种它们的农民，而在英国，其土地是有32000名贵族派人耕种[①]。

英国人没有与这土地相连的根，何处有收益就会迁往何处。他们称脚下的地方为“地方”，我们称为“故乡”[②]。在法国，人和土地互相依靠，不离不弃。如同具有合法婚姻，一生一世，至死

---

① 在这32000人中，有12000人是有永久管业权的领主。——如果人们反对这个，在英国，近300万人参与地产，“永久管业”这个词，除了表示土地之外，还表示房屋，小块土地、院子、花园这些都是附属于房屋的，特别是在工业区。

② 我们在法国的英国人，说“地方”而避免说“故乡”。（参看：热兰写的风趣诙谐热情洋溢的一页，《法语的演变》，第417页。）

不渝。法国人和法国结了婚。

法国是一个公正的国家，一旦有可疑之处，通常会把土地奖给耕种它的人①。英国则相反，宣告土地归于领主，赶走农民，最后耕种的任务就落到了工人头上。

两种道德感相差极大！无论田产多少，它都能反映内心。一个自己不尊重自己的人，却能因田产变得尊重自己进而重新认识自己。这种感受增强了无与伦比的军事传统习俗带给人民的理所当然的自豪感。在这群人中随便挑出一个哪怕是最不济的农村短工，他都有至少二十分之一阿庞*的土地。在他身上，你看不到短工或者雇工的影子，你看到的是一个土地所有者的形象，一个士兵的样子（他曾经是，或许明天也是）；他的父亲曾是拿破仑的兵。

在法国，小农经济并非新生事物。我们错误地认为它是最近才出现，仅仅通过一场危机就产生了，是大革命带来的意外之物。大错特错！大革命认为这种小农经济的出现十分超前，甚至大革命本身就是在小农经济中产生的。1785年，阿瑟·杨格，一位出色的观察员，来到法国，看到这里被分割成无数小块的土地时十分惊讶。1738年，圣·皮埃尔神甫也注意到法国的农村短工几乎

---

① 这是我们革命唯灵论的一个特点。人和人的工作对革命来说有着无法估计的价值，没法完全和土地平衡；人夺走了土地。在英国，土地夺走了人。在这一点都不封建化的国家，却是组织在克尔特氏族的原则之上，英国法律专家实行封建法律时异常严酷，使领主不光是封建郡主，还是地产业主。萨瑟兰女公爵让人拍卖给自己苏格兰地区的一个郡，比法国上莱茵省大一点，驱逐（从1811年到1820年）3000户当地家庭，这些家庭从苏格兰存在起就一直存在。女公爵让人给他们微不足道的赔偿，很多人都不接受。读一读对这项美好活动的描述，竟是我们欠公爵的钱，詹姆士·洛克：考虑到在斯坦福德侯爵产业方面做出的分红，1/8，1820年，德·西斯蒙蒂先生在《经济政策研究》中做出相关分析，1837年。

* 阿庞，旧时的土地面积单位，相当于20至50公亩。——译者注

家家都有一个小花园或者一小块葡萄种植地、一块田[①]。1697年，布瓦吉尔贝尔对这种小农经济存在的必然性痛心不已，在路易十四统治时期，大部分的财富归还给了16世纪和17世纪。

这么重要的一段历史时期，却有如此鲜为人知、表现独特的性质：在一个天灾人祸频发的年代，富人也变穷了，迫于形势，成为卖方。而穷人就这样成了买方。没有一个买主能买下全部的地，就这样，衣衫褴褛的农民带着他一两个金币来，买下那么小小的一块地。

奇怪的秘密！这人一定是有个宝藏。他实际上还是有收获的：一份持久的工作，节制饮食，甚至挨饿。作为馈赠，上帝好像造就了这么一个坚不可摧的民族，能耕善战，必要时，还能不吃不喝，长命百岁，满怀期望，热忱而欢愉。

在这多灾多难的时期，农民才能通过如此低廉的价格获得土地。而紧接着灾期，常常又是连接不断的丰年，这十分令人费解。快到1500年的时候，法国被路易十一弄得国库告急，甚至要被迫在意大利结束他的统治，那些逃离的贵族，不得不出卖土地，就这样土地转到新的主人手中，很快就重新丰收起来。农民一边耕地，一边筑屋。这段美好的日子，在君主制的历史中，我们将之称为“好人路易十二”。

可惜好景不长。土地刚刚开垦出来，国库就开始刮油。宗教战争的到来不光是“夷为平地”甚至是“连根拔起”[②]，简直是人

---

① 圣·皮埃尔，第十卷，第251页（鹿特丹）。此人不太重要的权利在这里变得重要，因为他写下了他在好几位总督那里获取的信息。

② 参看福鲁门托，《法国财政的秘密》（1581年），《证据》，特别是第397至398页。

间地狱。在可怕的大饥荒中，甚至有妈妈吃掉自己的孩子！……谁还会相信这个国家能从这种境况重新崛起？好了，战争刚一结束，从废墟一片的田野中，从烧焦的黑乎乎的茅草屋中，看出了农民的俭省生活。他买了地，并用十年时间使法国的面貌焕然一新，若能有个二三十年，社会财富甚至会成倍增长，或者更多。这个时期，依然沿用皇室命名，我们称之为“好人亨利四世”或“伟大的黎塞留”。

买地这事干得太不漂亮！农民要以什么样的心情去做这项工作？为什么他总是要停下，做那么大的努力，刚补偿完，又浪费掉？看看这些词，“穷人节俭”，“农民买地”，这么简单的词说出来一秒钟不到，可对词语背后所包含的劳作艰辛和牺牲，长年累月的贫苦生活又有多少了解？当我们细致地观察各种意外、各种事故，坚持不懈的抗争中有成功有失败时，我们会汗颜；当我们看到这苦难的人儿得到、失去、复得法国土地，我们会惭愧……他们就像遭遇海难的穷人，触碰到了海岸，抓到了上岸的绳索，可总是被海浪卷回海里。他又一次尝试上岸，却又一次被海浪撕扯，那流血的双手只能紧紧地抓着岸边的岩石。

我不得不说一下，快到1650年的时候，买地活动开始放缓，甚至可以说停滞了。贵族找到了能低价买回当初卖掉的地的方法。在那个年代，我们有原籍为意大利的部长，一位是马扎然，一位是埃梅里，把赋税增加了一倍，那些轻易获得免税权充斥着整个宫廷的贵族增加一倍，以便让加倍的重税稳稳地落在穷苦虚弱的人头上，让穷苦的人们被迫出让刚刚到手没多久的地，使之重新成为雇工、佃户、佃农、短工。他们是用了多大难以置信的劲儿才能在战争以及国王和奥尔良公爵的垮台中，保留下或者重新取得我们再早些时候看到的、18世纪时还在他们手中的土地。我们无法解释。

我恳请制定法律或者执行法律的人，解读一下马扎然和路易十四的不祥反应的细节。这细节由一个伟大市民庇逊·德·布瓦吉尔贝尔记录在充满愤慨和痛苦的一页页历史中[①]。让这段历史来警示他们吧，在各种势力抢着发展壮大中，最终是要停止法国主要使命：土地由劳动者获得。

我们的行政官员尤其需要由此得到启发，充实头脑，提高觉悟；各种政治诡计花招把他们包围。法律人员把这些大地主们从情感天生淡漠中唤醒，让这些大地主们体会成百上千的不公正的诉讼。古董律师共谋篡改历史，遮蔽公正，用形成的特殊规定来对付市镇，对付小地产主。他们知道法官很少有时间去重新审查这些充斥着谎话的卷宗。他们还知道他们起诉的那些人都没有合法的身份。市镇难得容下他们，或者说不曾有过他们。为什么？正是因为他们的法律过时了，属于一个依赖传统的年代。

特别是在那些边境地区[②]，若没有这些农民，就无人住在如此危险、土地荒芜、没有人口和耕作的边境省，正因为此，穷人的权利就愈加神圣不可侵犯了。如今，在这样一个和平安宁的时

① 伟大的公民，能言善辩的作家，思想积极，不应该和当时的空想主义者混淆。人们错误地把皇家什一税的观点归于他。有什么比他开始写谤文更大胆？同时又是更痛苦？这是法国末日的深深的叹息。布瓦吉尔贝尔于1707年3月发表谤文，当沃登刚刚被判刑，为什么这英雄般的人物在鲁昂还没有立起一座雕像，在凯旋时，在流离回来后收到？……（近期在经济学家合集中重印）

② 补充一下，在中世纪，在众多省份、领地、封地组合成一个个国家，在它们的划分中，边界普遍存在。即使在近代，位于法国境内英国边界，在普瓦图一直到13世纪，在利穆赞一直到14世纪，等等。

代，你们却来跟农民争土地，要知道，没有他们就不会有土地。你们想知道他们的身份，他们早已习惯隐姓埋名。他们的祖祖辈辈用血肉之躯保卫了你们的疆界，并且还占据着神圣的边界。

法国，又不仅仅是一个国家，耕种者在土地上有了一项权利，优先于其他任何权利，就是耕自己地的权利。我毫不夸张地说。看看这燃烧的岩石，看看这干旱的南部山顶，请问：哪里有无人的土地？田产都在地产主手中。这些土地靠着不知疲倦的双臂每天打碎卵石，弄得沾满尘土的工作服上到处都是腐殖土，靠着葡萄种植者有力的背力和腰力，这些种植者在山坡低处，不断把流动的田地堆高。土地在驯服中，在赶着驴犁着地的孩子和妇女的坚韧活力中。不忍直视的是，大自然也会怜悯它自己：在岩石和岩石之间，小葡萄藤缠绕着。栗树，在没有土的地方，就用它的根紧紧抓着光滑的卵石，朴实无华又勇往直前的植物，它好像生活在空中，就像它的主人一样，不吃不喝照样生产①。

没错，农民种地；人们觉得那些不太穷的地方也这样。如果我们想知道人是有多爱土地，这种爱又带着一种什么样的感情的话，我们永远不要忘记土地。试想一下，一个个世纪过去，一代代的农民活着的时候在地里洒下汗水，死去后埋下自己的血和

① 我对此有切身感受，当在1844年5月时，从尼姆到勒皮，我穿过了阿尔代什，在这个如此崎岖不平的地区，人创造了一切。自然让这个地区变得可怕；多亏了人，这个地区变得迷人起来；迷人在5月，甚至总是有点朴实无华，一种精神上的魅力更是令人感动。这里，人民只说领主让土地变恶劣；没有土地了。同时，当我站在高地，看到这可怕的黑色城堡主塔长时间向人民征收贡赋时，我的心都碎了，他们如此穷苦，如此值得称赞，他们不欠它什么！我的那些历史纪念物属于我，让我的眼睛感到舒适，这些，在山谷中，简朴的干砌石头房子，堆积碎石而成，农民生活在那里。这些房子非常严肃，甚至是悲伤，还带着一个疏于打理的小花园，贫瘠而稀疏；而自带的拱廊，宽阔台阶的楼梯，拱廊下别致的台阶为其增色不少。正是大收获期；在一年中最好的时期，人们进行丝加工；穷国似乎很富有；每栋房屋，在阴暗的拱廊下，一个年轻的摇纱女工，不停地踩着摇纱机的脚踏，满脸笑容，露出漂亮的洁白牙齿，纺出金线。

肉，还有他们攒下的财富，他们的食物。在这片土地上，长久以来，人们将自己最好的东西留下来，他的血汗，他的身体，他的投入，他的品德。他觉得这是一片充满人性的土地。他深爱着这片土地就像爱着一个人。

他深爱它：为了得到它，他什么都愿意，就算不让他以后再看见它。他移居到别处，他远离此地，有需要的时候，这个信念和回忆都会支撑着他。你们能猜想到一个萨瓦的掮客在你们门口，坐在界石上，有什么样的梦想吗？他梦想在一小片黑麦地里，贫瘠的牧场上，在回来的时候，他买下他们山区的地。起码要十年！那又有什么关系[①]！……阿尔萨斯人，为了七年后获得土地，卖命地工作，甚至要死在非洲[②]。为了能有个几平方大的葡萄园，勃艮第的女人狠心地抽出宝宝嘴里的奶头，塞进另一个陌生宝宝的嘴中，于是宝宝就这么早断奶了。宝宝父亲说道："我的儿啊，你将来是生是死谁都说不准，不过，你要是现在能活着，你将来就能有地种。"

这事是不是特别难说出口？都有亵渎宗教的感觉了。想清楚再做决定！"你会有地种，"这句话的意思是，"你将不再是今天被招进去明天被解雇的雇工，你也不再是你日常食物的奴隶，你自由了……"自由！多崇高的词啊，包含了人的尊严：任何美德都离不开自由。

诗人经常说到水的吸引力，那种致命的诱惑，吸引着那些冒失的垂钓者。相比而言，土地的诱惑力会更伤人。或大或小，这诱

① 莱昂·福榭，《在巴黎的萨瓦人群体》，《两个世界杂志》，1834年9月，第四卷，第343页。

② 参看下文，第17页，注释②。

惑中有一种奇特的东西不断地吸引着人们，而且永远不完整；需要人来补满它。基本不缺什么，顶多缺一小块，甚至只有一个角落那么大……诱惑形成了：无限扩张，买进，借入。“一点点地买下，如果可以的话，不要借入。”理性的声音说。然而，这太费时，激情的声音在耳边：“借！” 优柔寡断的地主此时竟毫不担心地借出；尽管农民说一块地的产权明晰，没有任何债务，他还是担心从地里突然冒出来（因为我们的法律即是如此）一个妇女，一个孤儿，他们的特权将夺走抵押品的所有价值。所以，他不敢借出。那谁借出呢？地方高利贷者，或者握有农民所有票据的律师。对于农民的事务，律师比农民还要熟悉，他们能做到万无一失，他们也很想以友情价借给农民？不，他们让别人借给农民， 让7个人、8个人甚至10个人去借。

农民们会收下这笔致命的钱吗？极少数情况下，他们的妻子会点头。他们的爷爷，如果他了解情况后，也不会建议他们这样做。我们的先辈，法国以前的农民，毫无疑问，也不会这样做。谦卑而耐心十足的民族是不会对他们自己的节俭做任何指望的，包括从他们食物中拿走的一分一厘，从菜市场返回时他们少用的一个金币， 在同一个夜晚，和他的姐妹在地窖一个花盆的尽头睡上一觉。（如今这种事还可以看到）

今天的男人不再是这种形象。他们更有勇气和毅力，因为他们曾经打过仗。他们在这个世纪所干的大事使他们毫不费劲地相信不可能的事。在他看来，土地的获取，就是一场战斗；冲锋已始，不可后退。这就是他的“奥斯特里茨战役”；他将赢下这场战役，虽然不会那么轻松，他十分明白，他十分了解旧制度里的其他战斗。

如果他打仗时带着的是一颗宽厚仁慈的心，在战斗中赢得的只有子弹，你们还会相信在这场对土地的战斗中，他能从容不迫地走到这里吗？在黎明之前，紧紧跟着他，你们会发现工作中的男子，他，他的家人，他刚刚生完小孩的妻子，在潮湿的土地上困难地行走。到了正午，岩石裂开了，种植园主正在让黑奴休息，黑奴们自愿不休息……你们看看他们的食物，然后跟工人的食物比较一下；工人每天的工作状态都比农民周日的工作状态要好。

英勇的男儿相信，有了坚定的意志，能战无不胜，甚至能消除时间。不过，这可不比战争期，时间不会自动消失。时间异常强大，战斗也将持续。随着战斗的持续，高利随时间不断累积，人的力量也在减弱。土地产出带来两份的话，高利贷要八份；也就是说，高利贷对他的战斗相当于是四打一。一年的利息需要四年的工作才能还清。

面对这些曾经欢歌笑语如今面无笑容的法国人，你会惊讶吗？在这片吃人的土地上遇到这群一脸阴沉的人，你会惊讶吗？你从他们身边经过，你跟他们友好地致意，而他们压一压帽檐，头也不抬。别跟他们问路，就算他们回答你，他们也会让你转身背对你要去的地方。

就这样，农民变得越来越离群乖戾。他们紧闭心门，以至于任何善意都打不开它。他们仇恨富人，厌恶邻居，讨厌这个世界。只是在这块小得不能再小的土地上，一个孤岛似的，他才变成一个孤僻的人。这种不爱交际是源于对苦难的感受，这种感受反过来让这种孤僻无法逆转。不爱交际，他们就难以和那些帮助他们的、天生的朋友[1]、其他的农民融洽共处；他们宁愿死也不愿主动朝这些人迈出第一步。另外，城里的市民，也避免接触这些孤僻的农民。城市居民们很害怕："他们总是凶巴巴的，充满仇恨，好像什么事都做得出来……和他们做邻居，我们很没有安全感。"就这样，越来越多的富人开始离开，他们会在农村待上一段时间，但是并不会定居下来；他们的家在城市里。他们把自由田留给乡村银行家，还有律师，后者是所有人的秘密心腹，能说服所有人。"我再也不想和这些人打交道了，"地主说，"公证人全面负责，我拜托他，他配合我，土地给多少、如何分，全由他安排。"公证人，在很多地方，就变成了唯一的有权承租者，富裕地主与耕作者间唯一的中间人。而这对农民来说却是个灾难。为了逃离出这种农奴的身份，地主一般都知道等待，长期任由他人用漂亮话搪塞自己，他把律师、只懂到期票据的爱钱之人当作负责人。

从在他身边他妻子接待的虔诚的人那里，几乎可以证实地主的恶意。农民的物质主义是他们哀诉的普通文本。"不信教的时期，"他们说道，"物质的民族，这些人完全不热爱土地！这就是他们的全部信仰！他们只喜欢田里的肥料！"可怜的法利赛人，如果这地仅仅就是地的话，他们不会以这个荒诞的价格买下它，变得失去理智，产生幻想。你们这些有头脑的人，一点也不世俗，人们也不会这样看你们；你们算着，一个法郎的误差，田地里能产出多少小麦或酒。而农民，他在里面加入了一个给人以

① 我还会说到联合会。关于小地产的经济方面的优势和不足，这点和我的主题无关，参看加斯帕兰、帕西、迪罗·德拉马勒等等。

遐想的无限价值；就是他在这里把脑子塞满了，他成了诗人……在这片肮脏的土地上，那么微不足道，那么模糊，他清楚地看见自由的金子在闪闪发光。自由，对那些了解因奴隶身份而产生的不可避免的恶习的人来说，会是潜在的德行。一个家庭，从雇工转变为地主懂得自重，地位在自尊中得到提升，这就是变化所在；这个家庭在土地中收获了美德。父亲的节制，母亲的节俭，儿子的工作干劲，女儿的守贞，这一切自由的果实，试问，不也是物质财产吗？不也是巨额花费换来的财宝吗[①]？

过去的人，就是你们所说的有信仰的人，如果你们真是这样的人，要承认这曾经是个信仰，如今，通过人民的臂膀，为了保护世间的自由，和这个世界开战。求你们不要老拿骑士身份说事了。作为一个骑士，最骄傲的是民兵体制。我们说大革命消灭了贵族阶层；但是，恰恰相反，这消失的贵族阶层却带来了3400万新贵族。一个流亡贵族对其先辈的荣光提出异议；一个农民，赢得了多次战斗，回应道：《我就是先人》。

这些人民是高贵的，在经历了这么多大事件后，而欧洲还是平民状态。这个贵族阶层，我们要好好保护好 ：她还处在危难之中。农民变成高利贷者的农奴，不光境遇悲惨，心力日渐交瘁。这债务人如此狼狈，如此焦虑，如此惶恐，害怕碰到债主，于是躲躲藏藏，你们认为这样的人还有勇气可言吗？这是什么样子，一个高素质的民族，在高利贷者的恐怖氛围下，民族的感情成了

---

① 农民没有离开。这不回来了，在教士之后，艺术家为了恶意中伤，新天主教艺术家，这群中世纪无力的爱哭鬼，他们只知道诉苦和模仿；痛惜石头，因为为了人，如果他们愿意，他们会饿死。就好比这些石头的功劳不是使人恢复活力，而是带走印记。农民，在这样一个世界，只是一个拆毁者。就算他推倒的墙再古老，犁翻动的石头再多，都是一个无法比较的毁坏。

有关强制执行、扣押、征收的感情！

必须进行法律改革。法律亟须满足政治需要和道德需要。

如果你们曾经是德意志人，意大利人，我会说：“向法律专家咨询吧：你们什么都看不到，除了公民平等的那些规则。”然而，你们是法国，你们不仅仅是一个国家，你们还是一个原则，一个重要的政治原则。需要誓死捍卫的原则。最基本的当然是你们要活下来。活下来，拯救全世界。

工业世界第二，而这广泛而深厚的“农民—地主—士兵”联盟，是自罗马帝国以来其他国家未曾有过的最强组合。这就是“法国是世界的精彩”的原因，也是乐善好施的原因。人们对罗马帝国既担忧又怀有希望。事实如何呢？未来的军队，那时候野蛮民族将到来。

有一件事情我们的敌人是不担心的，那就是这伟大而缄默的法国长期被吵闹躁动的小法国压制着。大革命后，没有一届政府切实关注农业发展。工业，可以说是农业的“亲妹妹”，令人将其“姐姐”遗忘。波旁王朝复辟时期（1814—1830年）有利于地主阶级，不过，是大地主阶级。即使是拿破仑，向人民索价太高，他也清楚地知道这点，由减少损害了资本家利益的收入所得税开始，并减轻农民的负担；废除财产抵押相关法律。这些法律是大革命期间制定，用来保护农民的财产。

今天，资本家和工厂主控制着政府。而农业，占了我们税收的一半甚至更多，开支却只有108份中的一份！理论对农业远远比不上对政府部门好，它尤为关心工业和工场主。许多经济学家都用“劳动者”来表示“工人”，只是忘记了2400万农业劳动者。

在法国，作为一个阶级而言，农民的数量并不是最多的，却是最有力量的，最健康的，身心平衡，可以说是最好的[①]。曾经，作为支撑他们的信仰衰退，自我放弃，旧信念没有了，现代思想知识也没有学到，支撑他们的是国家情感，伟大的军人传统，士兵的某种荣光。他们谋求私利，可能热衷于生意；当人们了解到他们的苦难后，谁能从中找到可说的内容？……他们就是这样，无论我们偶尔去指责他们什么，请你们，在正常生活中，把他们与跟你们做生意的那些成天谎话连篇的人比一比，与那帮透出流氓气息的手工工场的工人比一比。

土地人，以土地为生，他已经习惯了他的形象。和土地一样，农民也是贪婪的；土地从不说：够了。农民的固执如同土地般坚固而持久；农民耐性好，以土地为榜样，难以破坏性不比土地差；一切都消逝了，他依然屹立不倒。这就是你们所谓的缺点吗？要知道，若他们没有这些“缺点”，你们早就没有法国了。

你们想来评判我们的农民？看看他们服完兵役后的样子！你们看看这些超棒的士兵，全世界最棒的士兵，刚从非洲回来，从勇士般的战斗中凯旋，安静地重新投入工作中，在姐妹和母亲中间，又过起慈父般节衣缩食的生活，只跟自己命运抗争。看看他们，没有一句怨言，没有任何暴力行为，寻求用最体面的方式来完成他们心中神圣的事业：这事业成为了法国的力量所在。我想说，这种力量来自人与土地的结合。

整个法国，一旦认识到它的天职，就会帮助那些继续这项事业

① 城市居民只占全国人口的五分之一，却占被告人数的五分之二。

的人。不幸降临，这项事业在他们手上被迫停滞不前[①]!……如果这种情况持续未变的话，农民就又得将获得的土地卖掉，就像在17世纪中叶他们做过的那样，继而重回雇工身份。两百年白费了！这其中不光是一个阶层的衰落，而是整个国家的衰败。

他们每年交给国家的超过5个亿！10亿给了高利贷！就这些吗？不，间接税可能一样重，工业通过海关强加在农民身上的税，排斥外国产品的进口，也禁止我们的食品出口。

如此勤劳的人却是吃得最差的。没有一丁点肉；我们的“饲养员”（工业家的实际形象）考虑到农业收益，不许农民吃肉[②]。最后一个工人还吃着白面包，到了种植水稻的农民，吃的就只有黑面包了。他们产着酒，却由城市里的人喝着。这让我说什么好呢？所有人都在为法国举杯欢庆时，独缺葡萄种植者[③]。

在城市，工业最近的负担大大减轻，负担又重新落在农业头上。农村的小型工业企业，比如纺纱工的粗活都被亚麻织布机取代了。

---

① 这项事业停滞了，甚至倒退了。希普·帕西先生保证（《论文·学院·政治》，第二卷，第301页），从1815年到1835年，地主数量，跟其余人口数量相比，减少了2.5%，或者是四十分之一。数据来自1815年的人口普查。不过这个普查数据准确吗？比1826年的数据更可靠吗？比帝国时期人口流动图更可靠吗？等等。参看，维勒梅，《经济学家报》，第42期，1845年5月。

② 谁将他唯一的奶牛和耕地的牛以如此高价卖给他。饲养员说：“没有无饲料的耕种者，也没有无牲畜的饲料。”他们说得没错，但这是反对他们自己。什么都不变，什么都不改善（除了只对奢侈品和虚荣的成功），保持低质高价，他们阻碍所有穷国买这些适合他们的低廉的牲畜，妨碍他们获得他们必需的饲料；人和土地，没法恢复体力，精疲力竭，损耗殆尽。

③ 人们记得保尔-路易·库里耶的算法，他发现葡萄园的每一阿庞给葡萄种植者带来150法郎的收入，给国库带来1300法郎的收入。这有点夸张。不过，作为回报，需要另外考虑到如今这一阿庞的负债比1820年高得多。然而没有哪个工作比这个更辛苦，也没有配得上这份工资的。在春天或者秋天穿过勃艮第；你走40古里每年两次经过这样一个地方，不停摆动的、混乱的、树木被清除、重新种上支撑葡萄的支柱的地方。这是什么工作啊！为了在贝尔西、在鲁昂，这成本巨大的东西能掺假，让它名誉扫地！卑鄙的手段恶意中伤自然和优质甜烧酒；葡萄酒遭受着跟葡萄种植者同样的折磨。

今天失去了亚麻，明天就可能失去丝绸，农民从事的职业一个接着一个地消失，他们吃力地守着他们的地。他们失去了土地，也失去了在艰苦岁月中洒下的血汗，由节衣缩食牺牲的一切。他们的所有都被剥夺，抽离出他们的生活。即便还剩下点什么，投机者也会把这最后一丁点拿走；这不幸使他们轻信听到的四处流传的关于他们的种种奇谈；阿尔及尔产糖和咖啡；美洲的人们一天挣10法郎；就算得跨海，有什么不可以呢？阿尔萨斯人相信，凭他一句话，大海不会比莱茵河宽多少[①]。

在回到那里之前，在离开法国之前，所有资源都耗尽了。男孩被卖掉[②]，女孩成为奴仆。更小的孩子进到附近的手工工场。妇女则成为资产阶级家里的奶妈[③]，或者就在自己家里照看小商贩以及

① 这是一个阿尔萨斯人用他自己的话说给我的一个朋友听的（1845年9月）。我们移居的阿尔萨斯人卖了很少一部分他们起初拥有的东西；犹太人刚好在那里买下。德国人努力带走他们的家具；他们开着四轮运货马车游历，就像移民到罗马帝国的蛮族。我还记得有一天，在施瓦本，那天非常热，满是灰尘，我遇到一驾移民的马车，被好多箱子塞满了，还有家具，拖着一个两岁的孩子，非常友好，面容和善。不久小孩开始痛哭起来，在他旁边走着的小妹妹保护着他，没能使他平静下来。几个女子责备起孩子父母，怪他们不应该把孩子留在后面，父亲让小孩母亲下车把小孩带过来。这对父母看起来有些泄气，几乎失去知觉，走得快要累死了；因为贫困还是因为伤感？他们能在将来某一天到达吗？这几乎是不可能的。孩子？那易坏的小车能顺利度过这次长期旅行吗？我不敢想这个问题……唯一的家庭成员在我看来是充满活力的，而且可能持续很久；这是一个14岁的男孩，在这个时候，因为斜坡而停住。他的头发是黑色的，一个投入的狂热者，仿佛充满精神力量，活力无限；至少，我是这样看的。他觉得自己已经是一家之主，他的天命和负有安全的责任。真正的母亲成了姐妹；她代替了姐妹的作用。小的，在他摇篮里哭泣，也有他的作用，这并非是最不重要的；他是家庭的统一体，连接兄弟和姐妹，他们共同的婴儿；他用他的小藤推车运走了家庭和祖国；如果他活着，那总是应该一直到一个陌生的世界，重新回到施瓦本……啊！这些孩子，他们将有这么多事情要做，这么多痛苦要承受！看着长者，他认真的表情真美，我真心感谢他，把我所有的都给他。

② 人们非常鄙视这些替代者。维维安先生，就像一个议会委员会的成员，对此事做了一个调查，让我感到很荣幸地对我说他们的动机通常是非常值得赞扬的：到家庭来帮忙，获得一点点产业，等等。

③ 据我所知，个个风俗画家、小说家、社会学家都不屑于跟我们谈奶妈。然而就在这里有一个我们不太了解的悲惨故事。人们不知道这些可怜的妇女受到多大的剥削和多么粗暴的对待：首先是被运送她们的全车的人欺侮（经常是刚生完孩子），然后被接待她们的全体职员欺侮。被当成现场的奶妈，她们得把孩子送回去，孩子们常常忍受着极大的痛苦。她们和雇佣她们的（转下页）

工人的孩子。

工人，只要生活稍稍小康一些，就会成为农民羡慕的对象。工人称资本家为“工场主”，“资本家”这个名称是农民起的。每个周日，农民看到工人穿得像个绅士般散步。农民依附于土地，认为一个人承担他的工作，不用担心季节变换，无论下雪还是冰雹，如小鸟般自由自在。他们不了解也不想看到工人被奴役的状态。在路上遇见一个年轻的工人游客，正在环游法国，在每个停车点停下来休整，并准备后面的旅行。然后，重新拿出长长的随行拐杖和小小的行囊，唱着欢乐的歌，前往另一座城市。

（接上页）家庭之间没有任何契约，随时会因母亲、门卫、医生的第一次任性而被解雇：如果环境变化或者是身体变化让她们没奶了，她们就被解雇，而且一分钱没有。如果她们留下，她们习惯了宽裕的生活，当她们得过回穷苦生活时，会一直难受下去；很多人最后都成为仆人，为的是不再离开城市，她们不再和丈夫重聚，家庭就这样破碎了。

第二章

依附于机器的工人的奴役

“城市是如此的繁华，而农村却是贫困凄凉！”这就是你们听到的，说给那些在节假日进城游乐的农民们听的。这些农民不知道，如果农村贫困，辉煌的城市会更加悲惨[①]。尽管如此，能做出这种区分的人少之又少。

看吧， 每个周日，进城出城的城门口，这两类人一进一出：工人出城去往农村，农民进城。这两股人潮看似相像，实则差异巨大。农民进城不是为了散散步；他们对城里的一切都赞叹不

① 有价值的作品和令人遗憾的作品之间存在的差异是非常明显的！比雷先生：《论苦难》，等等，1840年。在这部作品中，他可能太容易就接受了有关英国调查的夸大之词。

已，艳羡十足，如果可以，恨不得能一直在那待下去。

但愿他能考虑这点。一旦离开了农村，就再也不愿回去。以仆人身份回来的农民，能分享主人的乐事，毫不担心会回到那种节衣缩食的生活。而那些工场工人想回到农村，却难以实现；很快，他们变得紧张起来，根本无法承受艰苦的农活，气候忽冷忽热，变化无常：靠天吃饭让他们精疲力竭。

尽管城市的吸收能力这么强，但似乎也不要对这种能力过分责备。大量农民在城市，城市通过极高的入市税和昂贵的生活费用排斥着农民。城市被这群人包围着，就尝试赶走这些“攻城者”。可惜的是，他们怎么都不泄气，形势从未如此严峻。就像人们所断言的，他们进城来成为佣人、工人、机器操作员，甚至就是机器本身。我们清楚地记得，这些古意大利人，在“进军罗马”这狂热欲望的控制下，卖身为奴，以便日后在罗马能重获自由，变成城邦公民。

农民没有被工人的抱怨和人们给他们勾画出的场景吓到。他们赚一个法郎或两个，还是领取三个、四个、五个法郎的工资，他们不知道，处境都会很悲惨。“难道更换工作？失业吗？”那又如何？在微薄的日薪上节约，在这样糟糕的天气中，在这样一笔“高额工资”中能更轻易存下钱！

即使能攒下一笔钱，城里的生活还是更安适。在那里，人们在有遮蔽的地方工作；头顶上有个屋顶，仅此一项，就可算是条件的巨大改善，还不用说远离了酷热严寒的天气。这种恶劣天气对那些早已习惯了它们的人来说依然是难以忍受的痛苦。我曾经历过无数次没有火堆没有暖炉的冬天，对冷的敏感度也没有下降。

当寒冷渐停，我体会到一种幸福，一种几乎没有任何喜悦能与之相比的幸福。春天，能让人欣喜若狂。这种季节变化，富人几乎感受不到，却是农民生活的基本，是他们真正的大事。

农民进到城里，从日常膳食看，生活条件依然在改善；食物即使不算干净，至少还算可口。刚到城市没几个月就明显长胖的人并不鲜见。作为回报，这些人的面色会变，这并非从好的方面看。移居到城市让他们失去了一个极其重要的东西，富有营养的东西，是唯一能解释农村的工作者吃着极难恢复体力的食物却能保持强健：这东西其实就是自由的空气，纯净的空气，不断更新，植物的芬芳带来的新鲜。城市的空气真如人们所说的那样有害健康吗？我不这么认为，但能肯定在许多贫苦家庭里一到夜晚便充斥着由大量贫困工人组成的“男盗女娼”之事。

农民并没算到这一步。坦率地讲，他们没有继续算下去，没有想到在城市里虽然能赚到更多的钱，却也让他们失去了已有的那些财富：朴素、节俭、吝啬。节约很容易就做到，花钱的欲望越来越小，那是因为节约成了唯一的乐趣。不知道要花多大气力，多大自控力才能拽紧如同被束缚的钱和好似被贴上封条的口袋，在无数的声音叫嚷着“打开它”的时候！还有，银行账户上的一笔看不见的钱，不能给农民任何有钱的感觉，只有藏起来和重新发现时的无比快乐，神神秘秘，神经兮兮；感觉得更少的是大片土地的魅力，我们经常打量它，翻动它，并常常想扩大它。

然而，工人得要多大的勇气才去节省。如果他随和宽容，让自己与友人尽情欢乐，各种应酬开销将一切都带走，在小酒馆，在咖啡馆……如果他严肃正直，他在某一个他工作很顺利的时刻结婚，妻子赚得不多，然后有了孩子就没有了收入；男人，当他还是个孩子的时候是多么惬意，也不知道如何面对这笔固定的开销，实在难以承受，而且每天都有。

以前除了进城权，农民进城和成为工人还有另一个障碍，这就是进入一个行业的困难度，学徒期的长度，同业工会的排他性。家族企业招收的学徒极少，一般都是各个家族企业间的后代间相互交换。如今，随着新兴行业的产生，不再需要学徒期，任何人都能胜任。在这些行业中，机器才是名副其实的“工人”；工人不再需要太多的力气和技巧；他只需要在那监管，辅助这个“钢铁工人”。

这群可怜的被机器奴役的工人数量大约有40万，或者更多①。大概占整个工人数量的十五分之一。没有任何技术手艺的工人来

---

① 这一数字越来越大，其中包括忙碌的工人，这不假，在手工工场使用了机器，但是没有被机器控制：这些人现在是而且将永远是例外。机械化的扩大，为了用一个词表示这个系统，会引起恐慌吗？机器会侵占一切吗？在这种关系下，法国会变成另一个英国吗？面对这些重要的问题，我毫不犹豫地回答：不会。不需要通过欧洲大战那个时期去评价这个体系的扩大，在这个时期，普通商业不提供巨大的赠品，这些赠品曾过分刺激了这个体系。完全适合降低物品的价格，这些物品应该进入各个阶层，这个体系满足了一个广泛的需求，下层民众的需求，下层民众，在一个快速上升时期，首先想要的是一种舒适生活，甚至更好，却满足于一种耀眼的平凡，常常还是庸俗，就像人们说的，是机器做出来的。尽管付出了令人敬佩的努力，手工工场还是达到了超出人们预期的精美产品，这些产品大批量生产出来，通过同样的方式，不可避免地被打上单调的标记。口味的进步让这种单调无味更加明显，有时甚至令人厌倦。而像这种非机械的不规则的艺术作品更讨好眼球，更令人着迷，相比这些工业的无可指责的杰作而言，后者通过生命的缺乏，痛苦地回想起金属是它们的父亲，水蒸气是它们的母亲。

你们还补充道，每个人，现在，不再想成为这个或者那个阶层里的人，而是成为这样或者那样的人；他们想成为他们自己；因此，他们应该经常少重视一点由阶层生产出来的产品，没有个体来适应他们的个性。世界在这条路上往前走着；每个人都想，更好地理解整体，又显示出个体的特征。很可能，此外所有事物都是相同的，人们相比于机器统一生产出来的东西更喜欢不断丰富变化的产品，这些多样化的产品打上了人的个性的印记，这些产品为了适应人，因人的改变而改变，立刻从人开始。这才是工业法国的真正未来，而不是在它非常落后的机械生产中。此外，两种系统同意一种相互的支持。最基本的需求越是被机器以低价满足，趣味就越是远超出机器化的产品，力图得到纯个人技艺的产品。

到手工工场，服务于机器。来的人越多，每个人的工资就越低，生活状况就越悲惨。另一方面，这些廉价的产品让穷人也能消费得起，服务机器的工人的惨境或多或少地减轻了工人和农民的苦难，这些工人和农民的数量大约是前者的70倍。

这就是我们在1842年看到的。纺织业陷入困境。它濒临死亡，商店一间间地倒闭，没有一点销路。工场主也非常害怕，面对这些饥渴的机器，既不敢生产，也不敢停产；高利贷可不会停工；工场主只能每天做半天，保持平衡。价格白白降下来；一降再降，棉布价格一直降到6苏……此时，一件意外的事发生了。“6苏”一词犹如起床号，叫醒了人们。上百万的购买者，从不购物的穷人，都开始行动起来。我们看到人民汇聚在一起时产生的这强大的购买力。商店的货架被迅速地一扫而空。机器又开始轰隆隆地运行起来，大烟囱吐出浓浓的黑烟……在法国，这是一场变革，不太引人注目，却是十分剧烈；改头换面的清洁，出现在穷苦人家的骤然美化：贴身衣物、床单被套、桌布、窗帘；每个阶层都有了这些自世界诞生之日起从没拥有过的东西。

人们对它的了解其实不够，还没说另一个例子：机器，好像一种贵族势力，它拥有集中的资本，而且依然有产品的低价和推广优势，是民主进步的一个强有力的代理人；它给穷人们提供了用得起的实用精致的且具有艺术感的产品，这在以前是他们想都不敢想的。毛料衣物，感谢上帝，降临到人们身上并温暖着每个人。丝绸服装也开始装扮人们。然而，最重要的变革当属印花棉布。在科学和艺术的共同努力下，让不服帖的废布料和棉布交织在一起，经过反复的精彩加工，接着，就成了这个样子，四处流传，直到穷人们也用上了它。以前所有妇女都是穿着蓝色或者黑色的裙子，十年不洗，怕洗成碎片。现在，她们可怜的工人丈夫，用一天的工资就能换回一件印花的衣服。这些妇女展示出来的五颜六色的炫目鸢尾花，街头巷尾，随处可见，好像不久前服过丧一般。

这些人们觉得微不足道的改变，带来的影响却是广泛的。这不仅仅是物质条件的改善，还是人民的外表和外貌的进步，人们相互评价外表外貌，可以说，这是“看得见的平等”。正因为如此，人们才有了新的观念。在以前，是达不到这种层次的；时尚和品位对他们而言是开启艺术之门的钥匙。再加更重要的一点，衣装只会强制会穿它的人，他也想配得上这身衣服，尽量让自己的道德风尚与之配合。

事实上，同样需要这种全体性的进步，大众的明显优势使我们接受在艰苦的条件下买这些衣物，拥有的衣服，在人民大众中间，一小群可怜的“机器工人”半生半死地活着，生产着出色的产品，结婚生子直到离世，一代又一代地传宗接代，不停地吞噬着一到这就破产失业的其他工人。

在机器中，曾创造出创造者、强大的工人，他们坚定不移地追求仅此一次强加给他们的产品，然而，这是一种自豪的诱惑。在一旁，多么大的屈辱啊，面对机器，人的地位降得如此之低！……头很晕，心很痛，当第一次人们浏览具有魔力的房子时，看到铁和铜的耀眼光泽，好像它们自己在运作，能思想，有意愿，脸色苍白的弱小的人成了这巨大钢铁的谦恭的仆人。“瞧，”一位工场主对我说道，“这灵巧强大的机器让这些乱七八糟的布料有序通过，从不失误，以最复杂的加工手段，把它们变成最漂亮的布匹，比意大利维罗纳的丝绸还要棒！”我一边赞叹，一边忧心忡忡；我无法屏蔽掉映入我眼帘的一张张悲惨的脸庞，憔悴的少女，扭曲浮肿的孩子。

很多富有同情心的人，为了不受同情心的折磨，就不流露出同情心，很快就说，这群人有着悲惨的境遇，品行不端、任性、完全堕落了。这群富有同情心的人通常是在这群人看起来最令人不快的时候，一看到这群人出现在工场门口，笨蛋把这群人赶出门去的时候去评判他们。工场门口总是吵吵闹闹的。人们高声喧哗，说他们是争吵也没错；女孩子们相互声嘶力竭地呼喊着名字；小孩子们相互扭打在一起，互扔石块，个个都很激动，粗暴如火。这画面看起来不太舒服，行人都绕道走，女士们都十分害怕，担心出现骚乱，赶紧走进另一条路。

不必绕道。应该走进工场，当他们工作时，人们就会明白这种沉默、这种长期的“囚禁”，控制着，在门口，为了恢复身体平衡、噪声、各种叫喊声、运行。这确确实实存在，尤其是在大的纺线织造车间，真正的痛苦地狱。一直、一直、一直，机器不停地运转在你耳边轰隆隆地发出这个不变的词，让地板都震动了。我们从来没有这么习惯过。二十年以后的感觉，跟第一天一样，都是厌倦晕眩，枯燥无味。在这样的人群中，还能感受到心跳吗？很难，心好像是暂时停止了跳动；在这么长的时间内，另一个心脏，人们共有的心脏，金属般冰冷无情，代替了原来的心。这车间里发出的震耳欲聋的声音在运行整齐的机器中也成了有规律的撞击声。

织布工人的工作单调给人以孤独感，却已不再那么繁重。为什么？那是因为他们怀有梦想。机器可不会有任何梦想，也不会想到放松娱乐。你们某一时刻想过缓缓工作，当然有可能接下来会加快速度赶工，可最后还是不了了之。装着100个纺锤货物搬运车不知疲倦，刚刚被推回来，回到你们这儿。织布工人手动织布的快慢取决于他呼吸速度的快慢，他工作就像他生活一般，工作适应人。而在这儿，恰恰相反，需要人来适应工作，血肉之躯，在这儿，生活质量取决于时间，忍受着钢铁机器的"持久不变"。

有时候，在受我们推动的手工劳作中，我们的私密想法与工作同化，将工作放到一定的高度，我们让无生气的器械运行起来，成为好帮手和好伴侣，而不让它们成为精神活动的阻碍。中世纪神秘的织布工人的出名是因为他们被视作罗拉德派，因为实质上，他们工作的时候，懒洋洋地倚靠着，低声哼着歌，至少在心里哼上几句儿时的歌谣。梭子的节奏，用相同的时间飞出去又飞回来，与心跳的节奏完美配合；晚上，经常发现在被编排的布景下，在相同的支数下，一首赞歌，一首悲歌。

因此，让那些被迫离开仆人身份进入工场做工人得需要多大的改变啊！离开他破旧的安身之处，离开陈旧的家具，离开这么多他喜爱的旧货，真不容易；而放弃对灵魂的自由掌控更是不易。这庞大的崭新的白色车间，到处是刺眼的光线，让习惯了昏暗房间的黑暗的眼睛十分不适。在这里，没有一点黑暗处能让思想沉浸其中；没有一个暗角能让想象暂停梦想；没有任何幻想在这样的日子里，不断提醒着面对现实。我们一点都不感到惊讶，我们鲁昂的织布工人[1]，我们在伦敦的法国织布工人，都与这种贫困抗争过，用他们全部的勇气，淡泊的坚韧，以绝食来抗争，甚至献出生命，死在自己家中。我们看到他们依靠柔弱的臂膀，因饥饿造成的纤细的胳膊，长期与耀眼的冷酷的多产做抗争，这些可怕的工业“布里亚柔斯”*，夜以继日地，被蒸汽机推着前行，恨不得能用1000只手来干活；每一次机器得到改善，它不幸的对手得加倍工作，减少所获食物。我们英国伦敦的织布工人侨民团逐渐失去了声势。可怜的人们，如此正直，过着顺从简单的生活，贫穷和饥饿对他们构不成一点诱惑！在这悲惨的斯皮塔佛德，他们机智地种花，伦敦人喜欢观赏花卉。

我刚刚谈论了中世纪佛兰德的织布工人，罗拉德派，还有我们所称呼的乞丐。教会，经常把他们当作异教徒迫害，指责这些爱幻想的人的理由就一个：爱，对看不见的情人的狂热的难以捉摸的爱，对上帝的爱；有时候也是一种庸俗的爱，在人口稠密的工业中心，扮成粗俗，然而神秘，为了一种教义教授一个如同亲兄弟般的群体，像是要在人世间建立一个荒淫的极乐世界。

当时这种耽于声色的倾向跟现今的人们一样，他们没有诗意的梦想去超越自我。一个英国清教徒，勾勒出当今一幅美妙的幸福画卷，这幸福由工场工人享受着，表明肌肉充分预热，开始反抗活动。这不仅仅是因为男女性别差异的缩小、温度的调和等。还有一点是心理原因。就是因为工场是一个钢铁世界，工人在那

① 鲁昂织布工人的遗言集是一部非常出色的书，是他们其中一个人写的：诺瓦雷，一个鲁昂工人的回忆录，1836年。他宣布他们不再做学徒了。

* 布里亚柔斯，希腊神话中100只手、50个头的巨人，天地的儿子。——译者注

里随处感受到的是金属的坚硬和冰冷，还因为男工人与女性更类似了，在他们有的空闲时间里。机械车间成了奴役和命运的支配者。能在车间里存活下来的，只有工头的严厉；只见惩罚，不见奖励。人在那里很少有做人的感觉，当人从那里出来，要拼命寻找人类能力引发的最强烈的狂热，这种狂热集中了拥有无限自由的感觉，在美梦的短短一瞬。这种狂热，如痴如醉，就是爱的感觉。

不幸的是，烦恼忧愁，单调枯燥都成了这些“俘虏”逃离欲求的理由，让他们在自由的生活中，面对不变无能为力，成为变化的拥护者。经常变更对象的爱不是真正的爱，那是荒淫。药比疼痛更糟；被工作所奴役使之紧张，而对自由的滥用则加重了他们的这种紧张。

生理上软弱，心理上无力。这种无能为力是在这种情景下最痛苦的事情之一。面对机器，人变得如此弱小，一切行动都是跟着机器走，他的命运系于工场主，更系于一千个未知的理由，这些理由随时能让他们失去工作，夺走他们的口粮。以前的织布工人却不像这里的工人，机器奴隶般，谦卑地承认无能为力，这种无力是做奴隶教的；这是他们的宗教学说：“上帝无所不能，人类一无所长。”这一阶层真正的名字是意大利最先在中世纪起的：谦卑者①。

① 我曾好几次，在我的课上还有我的书上（特别是在《法国历史》第五卷上）对工业史作出概述。然而，为了更好地理解工业史，需要登到更高处，首先不要去观察它，向人们通常做的那样，在这些控制着城邦的强大有力的同业公会，首先要雇佣劳动者，在他卑微的出身中，就像遵循原则被瞧不起，当城市原住民、郊区地产业主，甚至在那里有菜市场、地堡和法院的商人，意见十分一致地轻视工人，“蓝指甲”，就像他们称呼这些工人那样，当有产者刚刚在市外的墙角下接待他们时，在两段围墙之间（P法尔堡，意大利的一座城堡。——译者注），当禁止因工人不交税而告上法庭时，当人们非常奇怪地任意确定卖价，卖给富人的这个价，卖给穷人的那个价，等等。

我们的工人不会轻易顺从。善战民族出身，费了好大劲才重新站起来；他们想如人一般地活着。他们尽最大的努力在酒中寻找着虚假的精力。要喝很多才会醉吗？如果想克服这种厌倦的话，那就看看那些小酒馆吧！你会看到一个正常状态的男人，喝着没有掺假的酒，还能继续喝更多，不会有任何问题。不过，对那些不是天天喝酒的人来说，出门的时候就有点神经质，车间的氛围让他恶心，他只喝，在酒的名义下，混合极少的酒，百分百会醉倒。

生理上的极大依赖，本能生活的抗议也围绕着依赖运转，心理上无力，精神空虚，这就是他们恶习的根源。不要花大力气地去找，就像人们今天做的，在外部原因中，比如，一群人的会议在同一地方举行时表现出的不便：正因为人的天性如此恶劣，要完完全全地变坏，只需要聚在一起就行。这就是我们的博爱者，在这“好主意”上，致力于隔离民众，如果他们愿意，还能把民主囚禁起来；他们不觉得能建造坟墓的同时保护或者治疗有道德的人。

这群人对自己并不差。这种骚动，大部分是来自这种工作条件，这种从属于机器的地位，对活生生的人来说，是一种混乱，一种肉体和精神的极大痛苦，这个引起强烈的生命轮回，在难得的自由时间里。如果说某物像宿命一样，那就是指的这个。因为宿命很沉重，几乎无法克服，特别是对孩子和妇女来说！妇女，人们同情得比较少，却可能是最需要怜悯的；她们受着双重奴役；她们是工作的奴隶，靠双手赚得如此少，可怜得还需要靠年轻身体和万种风情去赚钱。到老了，她们会变成什么样子？……女性天生受到一条法则制约，那就是如果不依靠男人就没法生存。

在英国和法国的激烈对抗中，英国的工场主们来跟皮特先生说，付给工人的高昂工资让他们没办法正常交税，皮特先生却说了句可怕的话：“用童工！”这句话就像一个诅咒，给英国带来了巨大的影响。在这一时期，这批人数量减少；曾经健壮的这群人变得软弱无力。这朵曾经受到英国年轻人的喜爱的艳丽之花变成了什么？……枯萎、凋谢……人们相信了皮特先生的话，开始用童工。

我们要好好吸取这个教训。这关乎未来，法规必须要比父亲更深谋远虑，当孩子的母亲不在的时候，孩子必须在他的祖国找到一位母亲。祖国给他开办学校当避难所、当休息室来保护他们，对抗车间。

我们前面说过的精神空虚，所有的知识兴趣都没有了是工场工人堕落的主要原因之一。一项既不需要力量又不需要技巧的工作当然不会激发思考！没有，没有，什么都没有！没有什么心理力量来珍惜思考！学校应该告诉年轻人，一份这样的工作并不能使某种崇高慷慨的思想凸显，这种思想在这些空虚的日子里出现在他脑海中，让他们在长期的厌倦中支撑下去。

在这些事物的现状中，学校，为厌倦而组织，只会加重疲劳感。夜校对大部分人而言，简直是开玩笑。想想这些可怜的孩子，天没亮就出门，回来的时候已是精疲力竭，全身湿透离米卢斯*1里**、2里，手里提着灯笼，脚下一滑，一个踉跄跌倒在德维尔满是泥泞的山野小路；叫上他们让他们开始上学进入课堂。

---

* 法国阿尔萨斯地区。——译者注

** 法国古里，1古里约合4公里。——译者注无论农民的境遇是多么悲惨，把这种悲惨与我们这里经历的相比，有一个很大的区别，这种区别不会偶然影响到个人，而会深深地全面地影响到整个民族。可以这么说：在农村的孩子是幸福的。

几乎赤裸，穿着木鞋，抓着一小块黑面包，拥有一头母牛或几只鹅，露天生活，愉快玩耍。人们越来越少让孩子参与农活，农活只为强壮他们的身体。在宝贵的几年中，人们锻炼身体，增强力量，时光流逝，享受着极大的自由和家庭的温馨。不管你承受着什么或者做着什么，你都能勇敢地面对生活。

很快农民生活悲惨起来，可能是依附的开始；不过至少，他获得了12年、15年的自由。只有这种自由才会让他们体会到在幸福的天平上巨大的差异。

工场工人这一生都背负着重担，一个童年使他很早就变得虚弱，甚至变质。身体力量上，道德品行的规范上都比不上农民；面对所有这些，他还有一个东西在抗议：他更善于交际，更温和。他们中间最悲惨的那部分人，在最极端的需求下，克制自己不做出暴力行为；他们曾经满心期待，就快要饿死，最后还是顺从了。

这一时期做得最好的一个调查的作者[①]，人们不会怀疑坚定而

---

① 维勒梅，《棉花加工工场的工人的身心状态统计表》，等等（1840年）。人们看到，在1839年11月，在大失业的背景下，手工工场主不得不仅仅保留资历最老的工人，不得不要求所有人平分工作，平分工资，以便保证无人被解雇，第二卷，第71页，亦参看第一卷，第89页，第366~369页，第二卷，第59页，第113页。他们中间很多人同居，受到人们指责，如果他们有足够的钱和相关的证件，他们会结婚，第一卷，第54页和第二卷，第283页（请参看，弗雷吉尔，第二卷，第160页）。一些人坚持，如果手工工场工人能很好地使用他们的工资的话，他们还是赚得不少的，让我们把这种断言和维勒梅的明智的观察做个对比。（第二卷，第14页）。为了让他们赚得足够多，对他来说，需要四种东西：他们需要身体一直保持健康，他们得永远在岗，每个家庭至多两个孩子，最后他们没有不良嗜好……这就是四个难以满足的条件。

沉着的观察者有任何冲动，为了这一阶层人民的利益，不掩盖任何恶习，这严肃的证词：“在我们工人身上，我只发现了一种他们拥有的美德，达到的高度比最幸福的社会阶层还高：一种帮人的天性，乐于援助别人，面对各种需要。”

我不确定他们是否只有这一优势，不过这一优势实在是太大了！不管他们是最不幸最仁慈，还是他们谨防自己变得冷酷无情，面对悲惨而理所当然就有的冷酷无情，抑或在这种外部奴役下内心依然保有仇恨的自由，还是他们更喜欢……啊，这就是无上的光荣，兴许有人将这堕落的人类放在高位，由上帝评判！

第三章

工人的奴役

孩子丢下工场和机器操作就是为了成为一个师傅的学徒，一定能升到工业生产阶层，因为更多是要求手艺良好和头脑灵活。他的生活将不再是没有知觉的活动的附属品，他将有工作主动性，他将是真正的工人。

更加机智，更加忍耐。机器已经调整好了，人却没有[①]。机器沉着冷静，绝不任性，绝不发火，绝不粗暴。另外，它让孩子在固定的时间段里有

---

① 莱昂·福槲十分令人赞叹地注意到了这些差异，在他的论文《巴黎的儿童工作》中（《两个世界杂志》，1844年11月15日）。请同时参看，关于在分散的工业中的学徒身份，他的《英国研究》第二卷，卓越的经济学家，曾显出大作家风范，向我们揭示了在手工工场的人间地狱之外，还有另一个人们没想到的人间地狱。

自由；至少晚上可以休息。但是在这里，小制造商的学徒，白天或者晚上，都是受他们师傅支配的；他们的工作量大小和强度由订货量及交货期限决定。他们有工作，除此之外，他们也饱尝奴仆的悲惨，除了师傅的反复无常，还有家庭成员的反复无常。那些令丈夫或者妻子生气悲伤的事情，还会一次又一次地出现；工场一倒闭，学徒就被打；师傅喝醉了，学徒就被打；工作清闲，工作量大……总之是被打。

这是工业生产的旧制度，其实就是奴役。在学徒合同期间，师傅扮演父亲的角色，然而这只是为了运用所罗门*的一句话："别舍不得体罚孩子！"从13世纪开始，当局开始介入并节制父亲这种体罚权。

这种严厉粗暴不仅仅在学徒的师傅身上看得到；等级制度已经复杂化的那些行业，这种体罚也是越来越重，呈几何级数增长。手工业行会制定的专业词汇表都能体现这种严厉。（已满师但仍为师傅工作的）学徒是狼，被"猴子"——师傅弄得不快，师傅将猎获物给"狐狸"——向往职位的人，这个人又超额奉还给"兔子"——可怜的学徒。

尽管被折磨虐打，连续十年，学徒也该有所补偿；他每跨过一个级别都要付出努力，经受住入会的重重考验。最后，当他用尽作为学徒的最后一根绳子，作为仆人的最后一根手杖，接受相关行会评判，不增加人数；他可能被解雇、被拒绝，没有一点挽回余地。

如今，入会大门永远敞开。学徒期也没有那么长，起码没有

* 所罗门，古代以色列王国第三位国王。——译者注

那么辛苦。学徒变得异常容易录取，少得可怜的微薄收入还得被抽去一部分（师傅抽一部分，父亲抽一份，或者行业工会抽一份），这成了一种持续的诱惑，反复抽取，增加超出实际所需的工人数量。

以前的工人，很难被录用，人数也不多，通过上面这种方式享受一种独占，没有一点现在工人常有的担忧。以前的工人赚得很少[①]但是极少会失业。快乐而轻快的学徒，经常旅行。哪里找到工作，就在哪里留下。一般是工场主给他们提供住宿，有时候还包吃：清汤寡水的食物；晚上，他们要吃发硬的面包，然后上到阁楼，楼梯下的小房间，心满意足地入睡。

不管生活中遇到什么突如其来的变化，好的方面，抑或坏的方面！物质条件改善，变动的地位，焦虑不安，命运黑暗无光！成百上千种方法用于精神上的折磨。

这些变化用一句话概括，那就是：他们终于成为“人”了！

成“人”，其真实的含义，首先应该是，有一个女人。以前工人中结婚的很少，而现在很多。结婚还是不结婚，通常，到了回

---

① 我们刚才在上一章提到了手工工场工人的工资。如果我们想从整体上研究工资，我们将发现这个有争议的问题会归结为一点：工资增长了，一部分人如是说；他们说得对，因为他们是从1789年开始算的或者更前一些时候。工资没有增长，另一部分人说；他们也没错，因为他们是从1824年开始算的；从这个时候开始，手工工场工人赚得少了，其他人只有虚幻的增长；钱的价值变了，现在拿到跟以前拿到手的一样多的钱实际上相当于少了三分之一；以前赚3法郎，现在赚3法郎，实际上只有2法郎的价值；补充一点，随着观念的变化，需求越来越多样，忍受没有1000件对他来说无所谓的事情。相比于瑞士和德国，法国的工资已经够高了；不过这里，社会需求却是非常强烈。《巴黎平均工资》，L.福榭女士和L.布朗先生固定在一个同样的数值，3法郎50生丁，对一个单身者是足够了，而对一个有孩子的父亲来说是远远不够的。我在这里给出的笼统的法国工资平均数，之前已经有好几位专家做过相关尝试，从路易十四时期开始；不过我不知道是否能确立一个平均数，面对如此多样的因素：1689年（沃邦）——12苏。1738年（圣·皮埃尔）——16苏。1788年（A.扬）——19苏。1819（沙普塔尔）——25苏。1832年（莫罗格）——30苏。1840年（维勒梅）——40苏。这是在城市工业领域。在农村，工资增长非常少。

家的时候，在他家都会找一个女人。在他家，一个家庭，一个女人……啊，生活变得不再单调。

一个女人，一个家庭，很快就要有一群孩子！巨大的开支，痛苦啊！万一工作又突然没有了……

看到这群勤劳的人大步流星地赶回家就十分动容。他们，在离家好几公里远的车间干完一天的活，吃完郁闷的中餐和孤独的晚餐，到这时，足足站了15个小时，这腿到了晚上会不会废掉？……于是朝家里飞奔……在家里做一个小时的“人”，实际上这时间并不多。

多神圣啊！他把面包带回家，一旦停下休息，就什么也不是了，像孩子一样，重新投入妻子怀抱。丈夫养着妻子，妻子给他支持和鼓励；两个人共同照顾孩子，孩子则什么都不做，自由自在，像一家之主……让孩子成为一家之主吧，这才是天堂模式。

富人们从来没有得到这种巨大的享受，这种至高无上的幸福，每天为一生中最爱的家庭的生计辛苦工作。穷人每天还要独自扮演父亲的角色，创造和修补家人关系。

妇女对这种异常神秘的东西的感受力更胜于那些世上的智者。她们很幸福，将一切都交付给男人，只有这才让简陋的家用器具有了一种独特的魅力。没有怪异的事情，没有无关紧要的事情，这一切都带有喜爱的手的痕迹，心的烙印。人们一向否认这种艰苦是自我强制的，为了在回到家的时候，认出这种简陋的家装，很简单的那种。虽然妻子对家用器具、服装、各种织物还有很强的欲求。这后面一个还是新的，沐浴衣物柜，拥有这种衣柜对农村的妇女来说是件非常值得骄傲的事，而对城市工人妻子而言，可能都不认识，在我前面提到的工业革命之前。干净、纯洁、腼腆，这些女性的美让整个家庭变得更有魅力了。床帏包裹着床，孩子的摇篮，炫目的白色，成了天堂。所有这一切只用了几个晚上的修剪和缝纫……窗户旁还摆上了鲜花……太令人吃惊了！男人回到家，都认不出来了。

花香四处飘散（现在已经有很多花市），只用小小的花费来装扮屋内，当人们从来都不知道明天是否要上班，花儿们会不会令人惋惜？——不要说这是用了钱，其实是节约了钱。这钱花得值，女性无恶意的诱惑让这房子更能吸引男人，能留住男人。我请求，让我们一起装饰房子，装饰女人吧！印度棺木能让女人重获新生，变得更加年轻，青春焕发。

“待着别动，好不好？”这是周六晚上，她的双臂搭在男人脖子上，抓着男人准备吃掉的留给孩子们的面包[1]。

到了周日，女人赢了。男人刮好胡子，改变形象，让人给自己穿上一件熨烫好的衣服。这很快就做好了。一件花时间又重要的事情，是孩子，这是在那天要好好打扮的对象。出门，孩子走在前面，在妈妈的眼皮底下，特别要避免溺爱这个“小杰作”！

仔细瞧瞧这些人，要知道就算你表面上达到了某个高度，精神上的那种高度也不是立刻就有的。这样的女人，一身美德，一种特有的魅力，朴实的理性，机智灵敏，控制着一种她自己都不知道的力量。作为男人，是强者，是坚韧，是勇气，肩负着社会生活的主要责任。真正的责任伙伴（比“手工业行会”好听的名

---

① 面包！地产业主！女人的两种想法，从未离开她。常常需要敏捷，需要美德，需要灵魂的力量去拯救、去聚集一个时期的财富，谁会一直知道这事？

字），他保持着强大坚定的形象，就像一个哨岗的卫兵。工作越危险，德行越信得过。一位出身低微的有名的建筑师，非常了解男人，曾有一天跟他的一位朋友说道："我认识的最正派的人就是属于这个阶层的。他们早上出门的时候就已经知道晚上可能不回去，随时准备好到上帝那报到[①]。"

这样的职业，无论是多么崇高，都不是母亲期望儿子所从事的。一个非常有前途的孩子，后来却越走越偏。伙伴们对他大力称赞，令他十分愉悦。他的画作、祝词、文章，装扮好了卧室，在拿破仑和圣心教堂中间。他应该被送到免学费的绘画学校。父亲问为什么。图画，母亲说道，在他以后工作中总有用到的时候。回答有两面性，必须承认这一点，而且在回答下她隐藏了另一个愿望。这个孩子，出身好，天赋高，为什么就不能和别人一样成为画家或者雕塑家呢？为了买到几支画笔，一张昂贵的画纸，她去偷钱……她的儿子很快就要出展览，获得所有奖项，在妈妈的梦想中，如罗马一样伟大的名字已经在脑海旋转。

母亲的愿望常常是这样的实现，又出了一个可怜的艺术家，缺衣少食，如同工人，甚至还不如自给自足的工人。艺术不能当饭吃，即使在和平年代，当所有人都经济宽裕时，特别是女性，也不会买艺术品，因为人人都是艺术家。若是战争爆发，革命来临，艺术就真的只能换来饥荒了。

从前景看艺术家，已经在路上了，充满灵感和激情，突然被叫

---

① 这是有一天佩西耶先生对免费绘画学校的校长贝洛克先生所讲的话。风趣的艺术家领会了这句话，把它放到他的一个出色的演讲中（包含很多新的观念和丰富的概述），佩西耶先生，非常感谢对他最珍贵的信念表达的敬意，为学校建立了一个公债，就在他去世前一个月。

停；他父亲去世了，他得照料家人；工人就是这样。母亲感到非常痛苦，巨大的哀号让年轻人失去勇气。

他一生都在抱怨命不好，他会在这里工作，还有个灵魂在别处。残酷的折磨……然而，没有什么能阻碍他。来这里不要和你们的监护人一起来，不然你会被怠慢。已经很晚了，他要冲破这些障碍。你们总看到他在读书，在梦想；在吃饭间隙读书，夜晚、凌晨都读，沉浸在书的世界中，周日，把自己关在房间里，显得很阴郁。人们几乎可以想象到所谓书痴就是这个样子，这种入迷的精神状态。在工作中，即使有许多织机同时轰鸣颤抖，他也能学习，一个我认识的不幸的棉纺厂场主，把一本书放在织机的一角，每当搬运车退回来的时候刚好能有一秒钟，就读一行。

一天的时光就这样流逝，这日子也显得太长了！最后几小时让人想骂人！对那些等待钟声响起抱怨迟到的人来说，车间令人受不了，天将黑时，一切变得荒诞起来，不耐烦的捣蛋鬼在这些庇护下痛苦难忍地开起玩笑……“啊，自由！光明！你们要把我永远地留在那里面吗？”

我同情他的家庭，在回来的路上，如果他有一个家庭的话。一个被战斗挑衅的男人，一切都围绕个人进步转，其他东西就渐行渐远。爱的能力在这样暗无天日的生活里弱化了。人们开始没有那么喜欢家庭，它有点使人腻烦了。人们甚至开始远离故土，将命运的不公归咎于出生地。

有学问的工人的父亲，更粗俗更笨拙，仪态举止都不及常人，却在对他儿子上表现非常优异。身上的爱国情怀也更强烈一些；

很少想到全人类，更多的是想到法国。法国这个大家庭，还有他自己的珍贵的家庭，这就是他的小世界，他用整颗心在呵护。这迷人的内部家庭，这甜蜜的家庭生活不就是我们欣赏的吗？啊！他们现在怎么样了？

就算是知识也不能使心灵干枯，失去勇气。如果它有这种效果，是因为它通过痛苦的缩小而抵达精神世界。知识不是在自然光下，也不是在真实完全的光线下出现，而是间接地，部分地，就像地窖接收到的这些狭窄微弱的光线，知识让我们不了解的才会产生憎恨和嫉妒，而让我们了解的则不会产生。比如有人不了解财富是用何种方法创造出来的，他就自然不会相信财富能创造出来，甚至还能增长，他只相信财富会转移，一个人获得的就是从另一个人那里剥夺过来的；所有获得的财富在他看来跟偷的一样，他恨这些人获得的财富……恨？为什么呢？因为这个世界的财富吗？但是这个世界是因为爱显得有价值。

不管在一个不完整的研究中有什么样不可避免的错误，都要尊重这一刻。看到有人直到此刻才开始意外地学习，想学习，有强烈的意愿去追求知识，穿过层层阻碍，这其中什么令人感动，显得庄严？有意识的修养就是把工人，在我们观察他们的时候，不光放在农民之上，还要放在我们认为的高级阶层之上，这些高级阶层什么都有，书籍，娱乐活动，知识来找他们，他们离开义务教育之后，就把学习丢在一边，不再关心真理问题。我看到某些人，光荣地毕业于最好的学校，虽然他们还很年轻，但是心已经老去，忘记了他们曾对知识的渴求，不借口激情的驱使，而是烦恼、睡觉、抽烟、做梦。

障碍，我知道，其实是一种很有效的激励物。工人喜欢书，因为他们拥有的书很少。有时候只有一本书，如果这本书足够好，他会学得更好。人们读唯一的一本书，并多次读，反复咀嚼去消化吸收，其效果好过读很多没有来得及消化的书。我曾经靠着一本维吉尔*的诗集活了好多年，并感到非常舒适。拉辛的一本不成套的小册子，很偶然地在河畔旧书摊买的，造就了土伦的诗人。

内在丰富的人总是拥有足够的精神力量和潜在能力。他们把所拥有的通过思想扩展出去并丰富它，推动其向前发展，直到无限。不是嫉妒这堕落的阶层，他们自己在自己身上形成的，金灿灿，光芒四射。他们对他说："保留好你的贫乏，即你所说的财富，我有更丰富的'我'。"

工人在最后时间写的大部分诗歌展现出来的主要是忧伤和痛苦，这让我时常想起他们的先辈，中世纪的工人。表现粗鲁暴力的是很少一部分。这种高贵的灵感不光能表明是真正的诗歌，要能严格按照形式写，更多的尊重，那就是贵族典范了。

他们刚刚开始。为什么你们急着表态说他们永远到不了最前列？你们的出发点就是错误的，以为时间和修养决定一切；你们完全没有考虑到依靠固有的力量发展起来的内在精神的重要性，就在体力劳动中，自发生长越有阻碍越快。有学问的人，非常了解这些没有书且素养不高的人有代替这些的一种东西作为回报，他是痛苦的主人。

无论他成功与否，我都看不到任何补救方法。他走他的路，思考和痛苦之路。"他寻找着光明（维吉尔说），他隐约看到一束

* 古罗马诗人。——译者注

光亮？发出呻吟声！……”继续呻吟，继续寻找光明。谁能看到光亮？谁隐约看见光明后就不再放弃？

“光亮，再多点光亮吧！”这是歌德生前说的最后一句话。即将过世的天才所说的这句话，这是天性的全面呼喊，在社会各个阶层引起强烈反响。这位伟大的人物，上帝哥哥姐姐中的一个，上帝最虔诚的孩子，在动物世界中最低级的，软体动物在海底深处说着，它们不愿意再生活在没有阳光的地方。花儿需要阳光，朝向太阳，不然就会失去生气。我们的工作伙伴，粗鲁的家伙们，日日夜夜同甘共苦。我两个月大的孙子，都会随着天黑而哭泣。

今年夏天，当我在花园里散步的时候，我看到一只小鸟栖在枝头，听到它随着升起的太阳唱着歌；它的身子朝着太阳伸展，很明显，它非常欢乐……我看到什么我就是什么；我们让那可怜的小鸟们失去自由，这并不会让我觉得“人”的聪明和强大，如此渺小，如此富于感情……它的歌声让我兴奋……它向后转过头来，鼓起胸部，没有一位歌唱家，没有一位诗人如此自然的让人心醉神迷。这并非是爱（时间已经过去），这明显是白天的魅力让它快乐，这种甜美阳光的魅力。

野蛮的知识，讨厌的傲慢，把生机勃勃的大自然降低到如此地位，将人和他底层兄弟分开！

我哭着对它说：“我可怜的阳光之子，你的歌声中映射出了谁？你唱这歌没错！晚上，你会面临太多陷阱和危险，和死神如此接近。你只看到了明天的阳光吗？……”接下来，从它的命运，通过思想，走向所有人的命运，人的灵魂深处慢慢地来到日光下，我说，和歌德和小鸟一样，说：“阳光啊！老天啊！再来点阳光吧！”

第四章

工场主的奴役

在鲁昂织布工人的宣传小册子中，我读到了我之前说过的话："我们工场主都是从工人来的；"另外，"现在大部分工场主都是复兴初期的勤劳节俭的工人。"我觉得这是比较普遍的，在鲁昂工场不算特别。

一些建筑企业的企业主告诉我，他们之前都是工人出身，到了巴黎就是泥瓦工、木工等。

工人之所以能出现在这么大量的复杂的大工场开发中，人们深信不疑，他们成为企业主，这些企业不需要太多的资金，在一些小型工场和小手工业，在零售业。在帝国时期*，家族企业的数量

* 法兰西第一帝国。——译者注

基本上没有增加，而1815年到1845年三十年间，增长了一倍。近60万人成为工场主或者商人。然而，在这个国家，一切能严格生存的东西，与之毗连，没有去投身于工业风险中，我们可以大胆地说这50万成为工场主的工人，得到了他们视作“独立、自主”的东西。

这项活动在前十年，也就是1815到1825年间，发展很快。这些在行业里打拼的勇者突然来了个180度大转弯，急速上升，没费多大力气就夺取了所有阵地。他们有足够大的自信，也充分相信资本家。有如此冲劲的人带领一群最冷酷的人，人们毫不费力地相信他们重新开始在工业领域的一系列胜利，我们在现场要把最后那些失败扳回来。

人们不应对发迹的工人提出质疑。是他们建立了工场，同时还有诸多突出的优点，有冲劲，果敢，积极主动，目光坚定。很多人都发了财，但愿他们儿子不会把家产败光！

伴随这些优点，1815年我们的工场主也表现出这个时代的道德败坏。道德败坏了，政治的黑暗也就不远了，这是我们能预见到的。军人般的生活，他们通常保留着暴力，而不是荣耀，不再关心任何人任何事，也不关心自己的未来，残酷地对待两种人：工人和消费者。

尽管如此，这一时期工人依然少见，在机器工场中的工人也不多，很少要求学徒期，他们不得不支付高额的工资。他们催促着城里和农村的工人；他们把这些工作上的新手放在跟机器同样的节奏上，要求他们跟机器一样，不知疲倦地劳作。他们像是把高级的帝国原理运用到工业中，牺牲工人，缩短冲突。全民焦躁不安，让我们面对动物变得野蛮起来，以这些人的军事传统作为借口；工作应该是满负荷运行，跑步前行：那些人死了活该。

对于商业贸易，制造商们就像在敌国做生意；他们对消费者的态度就像是1815年巴黎商人敲诈勒索哥萨克人。他们出售染色的东西，缺斤少两，不够尺寸，偷盗技术娴熟，并能快速撤离现场，让法国最好的销售市场关闭，长期损害商业声望，并且更严重的是，为英国人提供重要帮助，这引起我们的反感，此外，为了什么都不说，一个世界。西属美洲，一个模仿我们革命的世界。

他们的继任者，他们的儿子或者他们的主要工头，有很强的能力继承，在所有市场恢复这种声望。他们很吃惊，同时也很愤怒地看到利润下降得这么厉害。大部分人都很乐意从中逃出，如果他们能逃出来的话，他们的雇佣工，要拼命工作：前进！前进！

在别处，工业建立在雄厚资金和一整套习俗、传统和稳定关系的基础之上，它带来的效益是建立在大规模的正当生意之上。说实在话，做生意就是一场战斗。一个勇敢的工人，唤起信心，引来资助；或者一个年轻人用父亲赚的钱去碰运气；刚开始，他只有一点点资金，也许是捐资，也许是一笔借款。上帝想在两次危机之间摆脱困境！每隔六年就会碰到经济危机（1818年,1825年,1830年,1836年）。情节大同小异，一年后，两年后，订单陆续来到，忘却，希望。制造商自认为有名望，他逼迫，施压，让人和物疲惫不堪，让工人和机器超负荷运转。1820年波拿巴式的工业家短暂出现过，紧接着，我们被堵塞，被压得喘不过气，亏本出售……还有这些昂贵的机器，五年后基本报废，或者被新机器取代，只要有点利润，就投入机器更换升级中。

资本家听取了很多忠告，相信法国人民更善于工业，而不是商业；更善于制造，而不是销售。他借钱给新的工场主，就像借给一个去冒险航行的人。他是多么确信啊！曾经取得过辉煌业绩的工场最后都是大亏本地被出售；这些优质的用品器具，用不了几年，就变成破铜烂铁一堆。我们放贷不是针对厂房，而是针对人；工场主拥有的这可悲的好处会让他们坐牢，这让他的签字产生效力。他十分清楚他这是以人身担保，有时候甚至还加上他妻子和孩子的命，岳父的财产，一个轻信他人的朋友的财产，在这种令人讨厌的生活的驱使下。没有什么讨价还价，要不就战胜要不就战死，要么发财致富，要么跳入水中。

一个人，如果是这种心理状态，说明他心肠不够软。如果他温和友好地对待他的雇员，他的工人，那将会是个奇迹。你看他匆匆忙忙地从一个车间到另一个车间，神色凝重……当他走到一头，另一头的工人低声说道："他今天怎么这么冷酷！看看他刚才是怎么对工头的！"他对待他们的态度就像他以前的工头对他一样。他从金钱之都来到这里，比如从巴塞尔到米卢斯，从鲁昂到德维尔。他大声叫喊，人们很惊讶，不知道放高利贷刚从他身上割下一斤肉。

他将从谁那里重新开始这事？从消费者那里？他们可提防着。工场主又成了工人。到处都没有学徒期，到处都轻率地扩招学徒，他们一来一大批，贱价出卖自己，工场主就利用了工资的下降[①]。大量货物积压不得不亏本甩卖，通货膨胀工资贬值，对工人

① 我拒绝相信人们跟我讲述的，说某些工场主做过一些有损名誉的欺诈，和消费者有关的是产品质量方面，和工人有关的是在工作量方面。我必须要屈服。同样的事情在我的工场主朋友那里得到证实，他们感到痛苦和耻辱，也在显贵、批发商和银行家那里得到证实。劳资调解委员会没有任何权利来制止这些犯罪；另外，受苦人不敢抱怨。一个这样的调查涉及国王的代理人。

是致命的，工场主不再获得利润，消费者成了唯一赢家。

再严酷的工场主生来也是个“人”；在初始阶段，他还是表现出对这类人群的关怀[①]。慢慢地，对业务的关注，现状的不明朗，各种危难，心灵的煎熬，让他对工人的物质匮乏更冷淡。他们对工人的了解还比不上他们父亲[②]，毕竟他们父亲曾经当过工人。工人群体不断换新，在工场主眼里他们只是一堆数字和机器，没那么听话，没那么齐整，工业升级让免去他们成为可能，他们是整个系统的缺陷所在。在这个钢铁的世界里，一切运动都是那么精密，唯一值得一说的，就是人。

令人好奇地观察的是，唯一（数量很少）关心工人命运的，有时候是那些很小的工场主。这些小工场主用家长制的方式同工人相处，或者恰恰相反，那些实力强劲的大公司拥有雄厚的资金，一般不会担心经济状况出问题。所有平均间隙都是冷酷无情的战场。

人们知道，我们米卢斯的工场主要求用法律来解决童工用工

---

① 这种逐步变结实，这种人们一点一点学会的灵巧熟练是为了把人性的声音抑制在心底，由埃梅里先生非常巧妙地分析出来，在他的小册子《市政工程中工人境遇的改善》（1837年）中。他特别提到在一些危险性大的工程中受伤的工人，这些工程通常是承包人为政府做的。

“一个承包人有颗安放位置合适的心灵，能第一次，可能是许多次，首先，抢救受伤的工人；不过当这件事又重演，当救助不断累积，他们变得有些沉重；承包人于是和自己妥协；他为这初期的慷慨行为辩白，他难以察觉地缩减实施工作，用一种更显著的方式减少每次救助的数目。他发现在他危险性最大的车间，他，承包人，以这个名义，收不到更有价值的东西，相反，他不得不支付给工人很高的日薪。然而，这个很高的日薪现在看来似乎很快就成了值得担心的意外事故的代价。他觉得这附加的救助似乎超出了他的财力。另外，受伤的工人在工地上资历不算老；生病的工人也不是最敏捷的，最有用的，等等。也就是说，心肠会随着习惯变硬，常常是因为贫困，所有的救济很快消失，给予的少量救助不再重新开始，遵循一个对所有人严格的审判，也就是说，一样悲伤的画面可能产生所有丰富的情感，这种情感的唯一结果会缩减为几个随心所欲给出的令人满意的东西，被计算好的，不是去满足不堪重负家庭的真正需求，而是去实现工地的未来利益或者承包人工程的未来利益。”

② 父亲和儿子的区别在于，儿子，没有做过工人，对生产不甚了解，对可能和不可能的界限不那么清楚，有时候因为愚昧无知显得更痛苦。

的问题，这是违背其利益的。1836年，这其中一位工场主做了一次尝试，让工人住上卫生条件良好并带有花园的房子，阿尔萨斯的工场主对这一令人高兴的计划非常感动，在这项慷慨活动中，他们为两百万工人提供了这样的房子。这项捐助结果如何？我也不知道。

工场主肯定会变得更有人情味，如果他们的家属一般都是非常乐善好施，就会显得与工场亲近一些[①]。家属一般都是独自生活，只能远远地看着工人。家属通常过高估计了他们的恶习，认为只是在我说过的这段时间才有，在这段时间，自由长期被限制，随着嘈杂和混乱露出，我想说的是，在下班的时候。通常，工场主和他的家人都讨厌工人，因为他们自认为是令人厌恶的，我想说，和大家的意见不同，在这种事情上，他们相互欺骗的情况并不少见。在大型工场，工人讨厌工头，因为他们直接受到工头专横对待；工场主的专横，离得更远一些，显得就没那么可恨了；除非我们教他们去憎恨，他们把这种专横看作是命运的专横，因此他们不为此生气。

在这种外部环境下，对法国来说，工业上的问题越来越复杂

---

① 我总是会想起一件感人的东西，充满优雅和诱惑，我曾亲眼见证。一个加工厂的厂长非常热心地亲自带领我，向我展示他的车间，他年轻的妻子想成为富有经验的人。看到她的时候，我非常惊讶，白色的长裙，尝试着穿过潮湿和干燥的行程（一切都不美，也不干净，在最闪耀的物品的生产中），接下来我更能理解为什么她要对抗着炼狱般的地方。在她丈夫让我看厂里这些东西的地方，她看到了人，看到了灵魂，通常都是受伤的灵魂。她没有跟我解释什么，我就知道了，刚好从人群中滑过，她有一种微妙的感觉，穿透，从所有念头出发，我不说这些念头是出于仇恨，却是忧虑不安，可能还有点羡慕嫉妒，在里面酝酿。在她走过的这一路，她用词精确而优美，有时候可以说是柔和的，比如对一个年轻的身体不适的女孩；她自己身体都不好，年轻的夫人对此是非常乐意的。很多人都被感动了；一位年长的工人，觉得她累了，给她拿来一个凳子，带着可爱的机灵。年轻一点的工人显得更加阴郁一些；她，将一切看在眼里，只说了一句话，就驱散了乌云。

了。几乎可以说欧洲集体对法国进行恶意封锁，同时，法国也失去了一切通向它的东方或者西方的新的销售市场的路。工业主义建立起现代制度，是建立在奇怪的假定上，认为英国人，我们的竞争对手，会成为我们的朋友，这种友谊，最终导致工业主义被堵塞，被封锁，如同在坟墓中……当然，法国是个农业大国，还是有着2500万随时应战的人民，愿意相信这些工场主，保持不动，就凭他们说过的话，出于对他们的好意，没有收回莱茵河地区，它有权为它的轻信感到惋惜；它比他们更有见识，它总是相信英国人永远是英国人。

工场主和工场主之间也会有分歧。他们中有些人不是睡在海关的三色线的后面，而是堂堂正正地继续和英国对战。我们感谢他们英勇的斗争，帮我们拿走压在我们身上的石块。他们的产业，为了对付英国，不顾自己的劣势（通常占到经费的三分之一强），仍然在多处打败敌人，这需要最优秀的才能，无穷无尽的各种办法和手段。法国通过兵法赢得了战争。

要用一本书明文写出，让更多人了解阿尔萨斯的丰功伟绩，没有一点唯利是图的打算，对于军费开支不讨价还价，运用一切手段，使用各种科学技术，想要好东西，无论付出多大代价。里昂通过不断发生的巨变解决了这个问题，这种变化越来越巧妙，越来越夺目。这种巴黎神奇怎么解释呢？越来越适应充满想象最意外的行动?

出乎意料的事，十分令人惊讶！法国卖出！法国被排除在外，被封闭，被禁止……他们不顾阻挡地回来，他们不顾反对地买入。

他们买入些样品、模型，勉勉强强在自己家里仿造。就像英国人在一个民意调查中提到英国人在巴黎有套房子，目的就是作为模范来参照。在巴黎，在里昂，在阿尔萨斯买几间房，当场复制，对那些英国德国仿造者来说，足够他们生产出充斥整个市场的产品。这如同书店模式：法国人写书，比利时人卖书。

不幸的是，这些我们擅长制造的产品也是要求更新最快的，得不断进行新产品开发。尽管这工作的特性是种不断增加原材料价值的技术，这种技术成本高，几乎难以产生效益。英国则不一样，在全球五大洲的落后国家和地区都有市场，出货量大，统一的样式，长期没有新产品研发，像这种粗糙的产品，竟然还是赚钱的。

法国啊，你如此辛劳工作，却依然贫穷！你长期忍受这种工作，不知疲倦。大工场的座右铭带来巨大荣耀，让世界接受你的品位，你的艺术思想，那就是：要不创造，要不死去！

第五章

商人的奴役[1]

在工作的人、工人和工场主的眼里，商人属于有闲阶层。坐在他们的店里，要做的就是早上读读报纸，然后整天和人交谈，晚上盘存吗？工人指望着，如果能存够钱，他也能做商人。

商人是工场主的暴君。他把所有消费者的纠缠和气恼全都转给了工场主。而消费者，在现今的社会风气下，巴不得买东西不要钱，这些穷人恨不得解决掉富人，这富人也就是昨日的暴发户，他费力地从口袋里掏出刚刚进去的钱[2]。他们有两

① 我们这里说的是个体商业，因为这种商业在法国非常普遍，不说合伙商业，它只在几座大城市中还存在着。

② 新阶级到来了，就像勒克莱尔非常清楚地解释的那样（《建筑粉刷》）。这些新阶层一点都不知道物品的真实价格。他们只想要光泽；用胶画颜料，无所谓。

个要求：物美，价廉；服务态度倒是其次。谁愿意花大钱买块高端表呢？无人愿意。即使是有钱人也只希望买到物美价廉的手表。

商人需要欺骗他们，或者消失。商人的一生都在进行两场战争：一场是对不理智的消费者的欺诈和蒙骗，一场是对工场主的强势和苛求。多变、不安现状、细心，他把工场主那荒诞的反复无常还给了工场主，公众，一下牵到左边，一下牵到右边，时刻都在更换方向，不让其领会任何思想，在多种类型中，让重大发明无法产生。

对商人来说，重要的是制造商帮他一起骗消费者，有了小欺小骗，再进行大欺大骗时就不会退却了。我听过制造商抱怨，说会被强求做一些有损名誉的事，结果就是失去地位，或者成为赤裸裸的欺骗的帮凶。这已经不光是制造伪劣的问题，有时候还是直接仿造，盗用著名制造商的品牌。

以前的共和国的贵族，中世纪那些高傲的大贵族对工业表现出反感，可能有点不太理智，特别是从工业上看，当听到复杂的制造生产需要科学和技术，大宗买卖需要相当的知识水平、各种信息、各种办法的时候。但是这种反感又是理智的，当它适合于生意习俗和小小的迫不得已，商人在这小小的迫不得已中欺骗、偷漏、弄虚作假。

我可以毫不犹豫地说对于重视荣誉的人来说，附庸关系最紧密的工人的状况都比这个自由。身体被奴役，心灵却是自由的。奴役心灵，相反，还有话语，被迫从早到晚掩盖想法，这是最后的“农奴”。

好好想象一下这种男人，当过兵，全身上下都焕发出荣耀之气，也最后屈服于此……想必他承受着相当大的痛苦。

奇怪的是，他每天去欺骗竟然是出于荣誉，为了给他的事业带来荣誉。谎言对他来说不算耻辱，生意失败才是。不愿失败，为了获得生意上的名誉，他去欺诈，这等同于偷盗，而掺假，这等同于下毒。

轻微的中毒，小剂量，我也知道，只会慢慢地死去。甚至我们想说他们只是把无害的物质加进食物[①]，没有发生反应，惰性的、工作的人还是靠这些食物来恢复体力，食物中却什么都没有，自然就没法恢复体力了。他们会废掉，筋疲力尽，他们还有一口气，是为了说，在财富眼里，在他生命的尽头——生命一点点地消失掉。

我觉得，对令人醉酒的假酒制造商，罪不光是毒害人民，还有令人堕落。工作了一天疲劳的工人，充满信赖地走进小店；他喜欢这里，感觉就像是个自由之家，非常好！他发现了什么？耻辱。酒商借酒之名出售的是掺假的酒精饮料，他们喝下之后，两倍量三倍量的酒都没有醉的感觉；他努力控制大脑，思绪开始混乱，口齿不清，四肢乱舞。人醉了，口袋也空了，酒商把他扔到门外大街……谁深受打击，时不时看到，在大冬天，一位可怜的老太太喝下掺假的酒来取暖，被弃在一旁，在这种情况下，成为粗野孩子们的玩弄对象？……富人们走过，说道：“喏，这就是人民！”

无论谁，只要有1000法郎或者借到1000法郎就可以大胆开始

---

① 从法律上曾经证实这些物质中很多都并非完全无害。（参看《医用化学报》，《卫生学年表》，还有卡尼尔和哈雷尔，《食材的掺假》，1844年）

做生意。从工人到商人，就是成了有闲阶层。他们曾在小酒馆待过，然后自己开了一家。小酒馆一般开在离老客户不远的地方：相反，往往还是离得最近的，熟人钱更好赚，他的一些自认为的奇思妙想烦透了邻座。很快他的生意兴隆起来，那些欠人钱的人从来不付钱。几个月后，新客也变成熟客了，到处都坐满了人。个个都是萎靡不振，半死不活；钱没了，还有更值钱的也没了，工作习惯……幸存者中最大的乐趣也慢慢地消失。其他人也来，似乎又不是这样……糟糕而微小的商业，没有工业，没有别的办法，互相吞食。

销售额勉强在增长，商人数量也在增长，一眼看上去，成倍地增长；竞争加剧，嫉妒和怨恨加剧。他们什么都不做，坐在门槛上，双臂交叉，恶狠狠地看着自己，看那些不忠实的顾客会不会弄错店铺。巴黎的8万商人，去年在唯一的商业法庭就产生了4.6万件诉讼， 还不说其他法庭的诉讼。高得可怕的数字！想想出现了多少争吵和怨恨啊！……

这种怨恨的特殊目标，是营业税缴纳者所追求的，可以的时候，让人抓住，可怜的家伙，推动店铺发展，说不准什么时候又停下；这不幸的女人，在店铺门外摆路边摊，怀着孕，唉！时常还带着一个孩子[①]……她根本无暇坐下，她要四处走动……否则，她就会被抓走。

我真的不知道这可怜的店铺老板是否会叫人抓她，能坐着是否更幸福。不能走开，等待，什么都无法预见。商人几乎从来不知

① 建议阅读萨维尼安·拉普安特感人的那首诗。

道收益从何处来。收到二手甚至三手货物，他们不知道欧洲自己的商业怎么样，也猜不到第二年他们是发财还是破产。

制造商，以及工人，尽管工作辛苦，却有两件东西让他们的命运好于商人。第一件，商人不制造什么，没有什么严肃的幸福适合他，这种幸福是去生产一件东西，去看着一个东西在他手中慢慢成型，变得匀称一致，因为他的进步，适应了它的创造者，减轻了他的烦恼和痛苦。

第二件，另一种劣势，很可怕，在我看来商人不得不去讨好去取悦。工人付出时间，制造商提供产品为了那么多的钱。这份契约很简单，并且没被削弱。双方都不需要去迎合讨好。完全不需要悲痛欲绝，热泪盈眶，然后一下子就和蔼可亲，破涕为笑，就像柜台的女售货员。商人焦虑不安，极度惦记着那些明天就要过期的票据。要面带笑容，听着打扮入流的年轻女子的喋喋不休，通过艰苦的努力，随声附和着。女子让他打开100件，谈了两小时，最后一件不要，走了。

他需要去讨好取悦他的顾客，而他的妻子也要取悦他。为了生意，他不光投入了资金、他的整个人和生活，通常还有他的家庭[①]。

男人时刻看着自己的妻子或者女儿在柜台，即使他最不敏感，也会感觉是一种煎熬。就算一个陌生人，没有任何利害关系的旁观者，也不会毫不费力地看到，在一个不弄虚作假的开始做生意

---

① 人们谈到了纺丝女工，还有让人以勾结盗窃来补偿自己的店员。人们谈到了纺棉女工，我错误地觉得；工场主不太能与工人和女工相适应。人们最后说农村的高利贷者把期限放在一个不道德的价格中。为什么人们不谈谈女商人，如此暴露，被迫取悦消费者，与消费者长时间的闲谈，谁通常会感到如此不适？

的家庭，内部的习惯发生巨变而混乱，街上的家庭，圣人中的圣人，在货架上！年轻的女士双目低垂，听着一个粗俗男人的不礼貌的话语。几个月之后，我们发现这位女士也变得不害臊了。

此外，妻子对生意之家的成功的贡献远远多于女儿。妻子在与顾客交谈时显得更优雅，更有魅力……在这样一个如此公开的生活中，众目睽睽下，不便到底在哪里？她谈着，也听着……对象是所有顾客而不是她的丈夫。丈夫这种抑郁的心情，一点都不有趣，充满踌躇和细枝末节，在政策上摇摆，什么都拿不定主意，对政府不满意，对牢骚满腹的人不满意。

这位妻子越来越觉察到她在做一项无赖的工作，一天12小时待在同一个地方，展示在玻璃后各种物品中间。她不能总保持不动的状态，毫无生气的人更需要重获活力。

对丈夫来说，极大的痛苦开始了。对嫉妒者来说，世上最残酷的地方是店铺……所有人都会来，所有人都来讨好老板娘……不幸的人甚至从来不知道该去责怪谁。有时候他都快疯了，想要自杀，或手刃妻子；另一个卧床不起，慢慢死去……更不幸的，可能是做出妥协的那个。

还有这样的人，是慢慢死去的，不是因为嫉妒，而是因为痛苦和屈辱，每天被侮辱，受尽欺凌，在妻子的身体中。我来讲讲不幸的鲁维的故事吧。躲过危险和恐怖之后，他进入国民公会，却没有多少钱过日子了，他让妻子在皇宫做书商：这一时期的书店是“黄金行当”，而且是唯一的。不幸的是，激进的吉伦特派，既反对保皇派，也反对山岳派，树敌无数。“黄金一代”，在葡月13日匆匆忙忙地，英勇地在鲁维商店前活动，进来后，冷笑着，向女人报仇。面对发怒的丈夫的挑衅，他们以嘲笑声来回应。丈夫授人口实，在流逝和痛苦的叙述中，印下成千上万个感人的细节，大概有点冒失轻率，在洛多依斯卡身上。有个东西会保护她，使她神圣不可侵犯，对好心人来说：她的勇气，她的献身精神，她救了她丈夫……我们的骑士从未感受到这一点，他们冷冷地造出一个令人痛苦的玩笑，鲁维因此而死。他妻子也想去死，我们给他带来他的孩子们，判处无期徒刑。

第六章

公务员的奴役

当孩子们一天天长大，所有家庭成员聚在一起，开始寻思："我们会做些什么？"最活跃最不听话的必然会说："我，我想独立。"他开始做生意，在这里他找到了我们先前所描绘的"独立"。他的另外一个兄弟，温顺，品行优良，会做公务员。

父母至少努力使他成为公务员。全家人为此做出了巨大的牺牲，甚至超出了家庭所有财富。如此大的努力，为了什么？十年寒窗，好几年读书，他成了临时雇员，一个小职员。他兄弟是经商的，在这段时间内，已经有了丰富的经历，给他带来巨大的希望，很少失去机会去影射那些什么都不生产的人，“睡得舒舒服服的人坐在预算的果实上。”在工场主眼里，什么都不生产，除了他；法官、军人、教授、职员，都是“非生产性的消费者[①]”。

其实父母也知道公务员一职不是一个赚钱的职业，他们只是想这个温和安分的孩子能有一个稳定有保障而且规律的生活。这是全家人的理想，特别是经历了多次的革命之后。在他们看来，这就是公务员的命运，其余的职业来来去去，反复变化更换。只有公务员能逃离这种要命的不断抉择的生活，公务员是其中最好的阶层。

我不知道职员能否在将来拥有这地球上的天堂之地，这种不变的使人入睡的生活。今天，我看不到一个更多变的人。不说那些撤职，偶尔令人备受打击的，时常让人不安，他的生活不光是人事调动、旅行、突然的转移（这样或者那样的选举），从法国的这一头到那一头，无法解释的失宠，所谓的晋升，再多200法郎，可以让他们从佩皮尼昂到里尔。拖着全部家当出行的公务员挤满了所有的道路，家当太多，很多人就直接丢掉一部分。暂住在一家小旅馆，所有行李都准备好了，他们就在这里住一年或不到一年，可怜一个人生活，在一座陌生的城市；到最后，当他们开始建立起一些关系的时候，又被派到另一个地方。

特别是希望他们不要结婚！不然状况会更糟。除了这种流动性，微薄的薪水不够负担起一个家。其中一部分人被迫让别人尊

① 如同司法机关和民法系统，国防，教育不仅仅只是产品，还是所有东西中最重要的产品。

重他的地位，在道德上承担义务和责任，法官、军官、教师，度过他们的一生，如果他们没有一点财富，在一个竞争的状态下，无价值的努力为了隐藏他们的苦难，用某种尊严去覆盖。

难道不是很快（我不止一次地说过）碰到一位可敬的认真女人，确切地说是可怜的女人，衣着简朴，有点老气，有一个或者两个孩子，很多箱子，很多行李，汽车顶上堆满了家用器具。到达时，你会看到她丈夫来接她，一位正直威严的军官，青春不再。她就这样跟着他，表现出各种不快和厌烦，从一个驻地到另一个驻地，路上分娩，小旅社喂奶，接着重新上路。没有什么比这个更悲惨，可怜的女人以爱和责任的名义与军嫂生活系在了一起。

公务员的待遇，包括军人和文职，自帝国*以来就很少变化①。这种“固定不变”，被人们视作他们最大的幸福，从这方面看，几乎所有人都有这种幸福。但是货币贬值，同样的数目会降低真正的价值，自身相当于变少了：我们是从工业工资中注意到这一点的。

法国有一件事是引以为傲的，除了几个工资超高的岗位之外，我们的公务员几乎是为国家白白服务的。因此我断定，虽然我们总说这个国家的不好，但是少之又少的公务员易受金钱影响。

我也听到有反对意见。很多公务员腐化堕落是因为想晋升，因为阴谋，因为不好的影响。我知道，我也承认；同样我也会支持，在这些工资待遇不高的人中，你发现不了谁收了钱，就像我

---

* 法兰西第一帝国。——译者注

① 这些待遇在欧洲所有其他国家都有提高。这里，只在非常少的岗位上有提高，其他岗位则是下降的，比如省和专区的办事员。从普遍性和公务员大军的划分来说，请阅读维维安的重要作品：《行政管理研究》，1845年。

们在俄罗斯意大利等很多很多地方看到的一样。

让我来看看这些等级中最高的一级。法官决定他人的命运好坏，财富多少，每天他经手的案子堆积如山，身居如此高职并且兢兢业业的人，面对如此令人厌倦的工作，收入竟然不如一个工人，法官不受贿。

再来看看下面的等级，如海关职员，一个充满巨大诱惑的等级：偶尔在一些微不足道的场合收下一丁点小费，但从来不会让人怀疑为走私。现在，你们想知道在这种徒劳无益的工作中他们收入多少吗？600法郎，一天大概30多苏*；晚上加班是没有报酬的。每两个晚上就有一个晚上是在边境上，在海岸，没有任何遮挡物，只有一件大衣，完全暴露在走私者的枪口之下，风暴来临之时，大风能把他们从悬崖上吹到海里去。就在这个沙滩上，他们的妻子带来了清淡的饭菜。因为他结婚了，有了孩子，要养活一家四五口人，就靠每天的这30多苏。

一个在巴黎的面包店学徒①收入是一个海关职员的两倍，也比一个步兵中尉的高，比任何一个行政官员，比大部分的教授都要高；他的收入相当于六位小学教师的收入！

简直是羞愧！耻辱！……人民给教书育人的老师的报酬竟然最少（我们越隐藏就越是承认这点！），这就是法国。

今日法国。与之相反，真正的法国，是革命的法国，宣布教师是神圣职业，小学教师相当于神甫。原则上确定了教育支出作为国家财政的第一支出。在财政最困难的时候，国民公会计划投

---

* 约1.5多法郎。——译者注

① 我想说，通常，拿平均工资的工人，冬季没有失业。（参看，第36页注释①。）

入5400万到初等教育中[①]，如果国民公会能维持时间更长点的话，这项计划也就落实了……在这个特殊的年代，人人自称唯物主义者，这个年代成就了思想的顶点，精神的主宰！

我不隐藏这个年代的所有苦难，这并没让我有多么难以忍受。法国人中最有功绩的、最苦难的[②]、遗忘在最深处的是小学教师。一个国家，甚至不知道它真正的武器和力量所在，只怀疑最强的道德杠杆是这个阶层的人，国家啊，我想说，这样只会把他们推向国家的敌人。你们说修士教得更好，我不赞同；如果真是这样，与我何干？小学教师，代表法国；修士，那是罗马教廷。这是外国，这是敌人，多读读他们的作品，了解他们的习俗和典故，拍大学的马屁，内心留在耶稣会。

我曾经在别处说过神甫的奴役；这些奴役更重，值得同情：罗马教廷的奴隶，主教的奴隶，另外几乎总是在一个面向上级的位子， 熟悉内情，把筹码压在上级身上。这下好了！这个神甫，这个奴隶，这个小学教师的暴君。后面这位并非前者的合法下属，是仆人。他的妻子，家庭里的母亲，讨好本堂神甫的夫人，用最受欢迎最有影响力的忏悔者。她感觉很好，这位母亲有孩子，有很多生活困苦，一个与本堂神甫关系紧张的小学教师，是一个迷

---

① 热月，1794年8月9日的三个月之后（雾月，1794年10月27日），在拉卡纳尔的报告中，第133页。

② 洛兰先生，在他最重要的一本正式作品《初等教育概述》中，对490位在1833年参观了所有小学的督学的报告做了一个总结，没有用比较强烈的表达来说到我们小学教师那悲惨和耻辱的地位。他宣布（第60页）其中有人总共能赚到100法郎，60法郎，50法郎！他们等付款又等了很久，这付款常常还不来！人们不用现金支付；每家把收成中最差的那部分拿到一边，准备送给小学教师，当他周日时候到每个门口来行乞，一个褡裢背在背上；人们不欢迎他来，要求他的那一小份土豆，人们觉得他对贪吃者不公平，等等。这些正式报告出来之后，很多新学校建起来了，不过以前的小学教师的境遇并没有太大改善。但愿国民议会今年能同意增长100法郎，去年这个提案被否决。

失的人！……人们不能以两种途径让他彻底失去声誉；人们不应浪费时间去说他们是无知的；不，他们有恶习，他们常酗酒，他们……他们的孩子还在增加，我的天哪！一年一年，白白证明了他们的品行。只有修士才有德行，他们有些许小诉讼，但是很快被平息！

奴役！沉重的奴役！我看到这种奴役时强时弱，不分等级，最高尚的，最谦卑的，最有功绩的都被压得喘不过气来！

我不谈等级合法的从属，不谈对上级的天然服从。我想说的是另一种从属，间接而非直接的，从高处开始，直到底层，压得人喘不过气，渗透，进入枝节，收集信息，直到控制心灵。

商人和公务员之间有着巨大的区别！商人，我们曾提过，就是被迫吹嘘他那些微不足道的商品，属于外部利益；对于心灵而言，通常是保持相对独立的。我们正是从这一点来攻击公务员的，他们担心灵魂那些东西，被催促去说假话，在触及诚信和政见的情况下。

最具智慧的人则是努力让别人忘掉自己；他们回避生活，回避思考，假装不存在，熟练地玩着这个游戏，在很长一段时间里，他们不需要任何假装，因为他们已经变成了他们想表现出的那个样子。而公务员，作为法国的眼睛和手臂，力求什么都不看，怎么都不动；一个有着这样的四肢的身体一定是病了。

为了自我消除，那些受苦的人就得脱离？并非总是如此。他们越是让步，越是退却，就被要求更多。人们以此来要求他们以献身做担保，积极服务。他们可以晋升，当他们让自己变成有用的人时，当他身上的闪光点引起某个人的注意的时候……“比如，你的同事是这样的话，这个人信得过吗？”

这就是一个困惑患病的人。他十分不安地回到家。受着温柔的折磨，他承认他所拥有的……在这种紧急情况下，你认为他在哪里能找到支持？在他家人那里吗？很少。

说起来令人伤心难受，但还是要说：今天的人，并不是世界把他变坏的，他太清楚这一点了；也不是他的朋友……他的朋友是谁？……他变坏的主要原因是他的家庭。一位优秀的妻子，关心孩子，能打理好一切支援丈夫的晋升，直到丈夫变得卑鄙可耻。一位虔诚的母亲觉得她丈夫通过虔诚发财是非常容易的事情，目的使一切变得神圣，怎么会在支持事业中犯错误呢？……男人会怎么做，当他在家庭里受到诱惑的时候，谁来避免他不受诱惑？他是什么时候沾染上恶习，这些从美德、从子女的顺从、从对父母权威的尊重来的恶习？

我们德行这面的问题已经非常严峻了，我没有发现比这种德行更阴暗的。

另外，即使有这样的财力，卑鄙无耻的行为、奴颜婢膝、虚伪狡猾在法国耀武扬威的这种情况，我永远也不会相信。对一切虚假和恶毒之物的厌恶反感在这个崇高国家里是无法阻挡的。整体是好的，不能以浮现出的一小撮渣滓去判断。这个整体，尽管还在摇摆不定，在它身上有着令人放心的力量：军人荣誉感在不断谱写的英雄史诗中历久弥新。就像是，在犯错的那一刻，停下来，原因无人知晓……他感觉到那看不见的战争英雄精神从他脸上掠过，古老旗帜的飘动！……

啊！我只相信这面旗帜！只有它能救法国，拥有军队的法国！

光荣的法国军队，全世界都密切注视着它[1]，对法国依然保持着忠诚！它就像钢铁一样对抗敌人，对抗腐败！治安精神从来没有渗入过！它厌恶叛徒、肮脏的供给、秘密手段的晋升！

这些年轻的士兵手里拿的都是些什么寄存物哦！对未来又是承担了多大的责任！……文明和野蛮（如果未来不是这样，谁知道呢？）的最后一战之际，法国认为他们是无可指摘的，他们干净的剑，他们明晃晃的刺刀上没有污渍！……当我每次看到他们走过，我都万分激动："这里，仅仅是这里，力量观念和英勇正直达成一致，之前一直是分开的……如果说战争解救世界，那么你们是唯一能解救这个世界的……法国神圣的刺刀，明晃晃地在你眼前划过，没有任何眼睛能顶得住，但愿没有什么让眼睛模糊！"

① 如果有过凶残的行为，它们就会被控制，它们重新回复到产生这种秩序的那种行为！我们要注意，在转变的时候，我们的报纸经常遭受英国人恶意中伤，为了政党的某种利益。

第七章

富人和资本家的奴役

欧洲唯一握有重兵的民族，却是一个对什么都不在乎的民族。这种现象不是单靠政府和内阁的弱小能解释的；不巧，在于一个更普通的原因，因为统治阶级的衰落，太过稚嫩，太过陈腐。我说的是资产阶级。

我追溯到更早些时候，以便让人更清楚。

光荣的有产者终结了中世纪，进行了第一次革命，在15世纪，从这次快速地从平民到贵族的转变中形成了这种特性[①]。此时还未形成一个阶级，还只是处于过渡期，一个等级中。接下来，完成

---

① 转变正在形成，正如人们所知，是因为穿袍贵族。但是人们不知道的是，贵族变成军人的便利，从14世纪到15世纪。

它的使命后，新贵族，新王权，它失去了活力，丢掉一切旧的条条框框，成了一个新的阶级，极其滑稽可笑。17和18世纪的资产者像是一个杂交体，在不完全的发展中，本性停止了发展；这个混合体，让人不怎么想亲近，不是最高阶层，也不是最低阶层，既不会行军，也不会偷盗，自我欣赏，一副自命不凡、趾高气扬的样子。

现在的有产者，在很短的革命期间内产生，在晋升阶段，没有碰到贵族在他头上。有产者更想先成为一个阶级。有产者在诞生之际就打定主意，天真地相信能从内心深处把一个贵族拉出来；几乎可以说，临时组织一个古代。这种“创造”一出现，就像我们之前预料的一样，它不古老，而是陈旧和过时[①]。

尽管有产者巴不得单独成为一个阶级，但准确划出这个阶级的界线一点都不容易，它从何时开始，又是何时结束。有产者并不是只包含富裕阶层，也有很多穷苦的有产者[②]。在我们的运动中，同一个在这里是日工，在那里是有产者，因为这里有好处。这使得，多亏了上帝，人们不能让有产者和平民完全对立起来，就像一些人那样做的，除非创造两个国家，不然行不通。我们乡村小有产者，我们叫他们有产者，也可以不叫，是平民阶层，平民阶层的核心。

---

① 以前的法国有三个等级。新法国只有两个，平民和资产阶级。

② 如果你们非常仔细地观察人民是如何使用这个词的话，你们会发现对他们来说，这个词跟财富的关系不大，而是依据某种独立标准和闲暇标准，没有担心日常伙食问题。像一个每天赚5法郎的工人能毫不费力地称“我的有产者”为消瘦的食利者，这食利者能有300法郎的定期利息，然后穿着黑色的衣服在一月里最冷的时候在路上散步。如果说安全是有产者的实质，那是不是要明白那些从来都不知道他们是富有或是贫穷的人，商人，还有那些看起来更稳定，而实际上，为了超负荷地购买或是其他，成了资本家的奴隶？如果他们不是资本家，确实，而他们因为利益因为恐惧和资产阶级联系在了一起，还有不惜任何代价都要保持社会不动荡这种固执的想法。

无论“有产者”这个词的外延是扩大还是缩小，重要的是去观察，有产者几乎是独立承担了行动的责任，半个世纪来，变得瘫痪，无法再行动了。一个更新的阶级似乎有了使有产者新生的责任；我所说的是工人阶级，诞生于1815年，成长于复辟斗争中，在七月革命中比其他阶级做得都多。准确地说，比起我们所说的有产者，他们更能代表法国的精神，有产者只是关心利益的有产者，弱于行动。有产者不愿行动，也行动不起来，渐渐地，有产者在各种运动中输了。半个世纪足够看清有产者从平民中来，以活动中的积极性和精力迅速成长壮大，突然，在胜利之际，自我衰落下来。如此急速的衰落从未有过。

不是我们这样说，是有产者阶层自己说的。从它的衰落和它导致的法国的衰落中流露出最伤感的心声坦露。

十年前，一位部长当着很多人的面说道：“法国将成为二等强国中最强的。”这话显得很谦虚，到所有东西都来了之后，显得雄心勃勃：下滑的速度是如此之快。

国家内部和国家外部下滑得同样快。从他们的气馁中看得出困难增长速度惊人，这些困难都是他们利用过的。他们不可能再对一个无人希望欺骗别人的游戏感兴趣。演员和观众同样厌倦了，他们和公众打着哈欠，被自己弄烦了，感觉他们衰退了。

这其中有个才智过人的人，在写一本书，他写着，不再需要伟大的人，从今以后我们将知道可以不要这样的人。这话说得正是时候。不过，如果有人重印这本书，需要他扩大这本书的影响，这次来证明普通人和次等人才并非不可或缺，人们也可以不需要他们。

十年来，新闻媒体，打算施加影响。它算是死里逃生。它发觉，如果只是谈论文学，那就只有有产者看报了（平民几乎不看），也就不再需要什么技术了。于是，它可以，除非没有人抱怨这个，革除两样烧钱的东西，艺术版和评论版；它向获得资助的即兴演说者和有资助的小说家请教，然后，保留他们的名字，另外还请第三等级的工人帮忙。

整体衰落没有那么明显了，因为它整体呈现；所有人都在下降，相对水平也就下降了。

谁说，适应小声音，我们曾经是闹哄哄的民族？耳朵适应了小声音，嗓子也适应了。调子变了。有人感到叫唤，低声地。稍高一点的声音，是交易所里发出来的。那些在旁边听到的人，看到这种骚动，很容易就相信这趋势会极大扰乱有产者的一潭静止沼泽。错。这大大损害了大量有产者，凡事都归于有产者，猜想他们进行的活动以获得物质回报[①]。有产者十分自私，这没错，但是墨守成规，毫无生气。除了几次短暂的冲动，他们通常满足于最初获得的财产，担心这笔财产会受损。难以想象，这个阶级，特别是在外省，轻易让自己退回到平庸状态，从各个方面看都是。他们很少平庸，他们曾经平庸过，但愿他们能一直保留着，他们

---

① 法国没有经商的灵魂，除了英国统治时期（比如法律时期，还有这个），都是少见的通道。这个特别在便利中看到，有了这种便利，人首先看起来最粗鲁，通常很早就会在财富的道路上停下。法国人在商业中或者其他领域赚了好几千里弗尔的定期利息，自认为很有钱了，就什么都不做了。英国人呢，恰恰相反，在获得的财富中看到一种变富的方法；他们坚持工作，一直到死。他们紧紧地连着他们的商业链条，最终成为他们那业务中的专家；不过，他们在更大范围内追求这个专长。他们没有感到有休闲的需要，它让他们能自由地安排他们的生活。

同样地，法国的富人极少，如果把法国的外国资本家排除在外的话。这极少的富人若放在英国就差不多都是穷人了。在我们的富人中，你们减去那些态度亲和的，他们的财富要不就是被典押了，要不就是不清晰的，靠不住的。

安排好自己，过一种不用行动不用思考的生活[1]。

最能体现以前的有产者特点的，新的有产者身上没有的，就是安全问题。

近200年来的安全感，建立在古代的财富之上，建立在穿袍的教士法官律师和金融财团之上，他们只考虑拥有多少财富，建立在商业行会的垄断之上等等，自认为法国这一切都如同国王一样稳定不变。这种滑稽的念头成了他们的骄傲，成了对社会名流的拙劣模仿。这种拼命往上爬，尽可能爬到能达到的高位，流露出夸张的感觉。这种浮夸在17世纪大部分建筑上都能看到。

新有产者身上最可笑的是，一种强烈的反差，军事先例和毫不隐藏的当前担忧，他们时不时表现出一种奇怪的幼稚。但愿三个人在街头聊着各自的收入，他们向业绩辉煌的企业主要求，增加一苏的工资，有产者惊恐万分，他大叫，准备招来警察。

以前的有产者，至少，是始至不渝地做事，他们在特权中自我陶醉，并还想享有更多特权，眼看着高处。我们的有产者看着低处，有产者看着在他们身后的人群往上爬，有产者已经登上来了，不喜欢这些人也登上来；有产者开始退却，紧紧靠在权利旁边。他们会直截了当地承认这种倒退的趋势？几乎不可能，他们过去的经历对此反感，几乎总是在这样一个矛盾的处境，对道德原则是持自由态度，对实施则是自私自利；又想又不想。如果说

---

① 我知道，在巴黎这样一座巨大的城市附近，人们统计出有100多位地产业主或定期利息有4000、6000里弗尔的食利者或要再多一些，他们从没考虑要超过这个数字，他们什么也不做，什么都不读，书也不读，报纸也不读（几乎），对什么都不感兴趣，也从不打量打量自己，从未成功，几乎不了解自己。钱的驱动不能让他产生任何感觉，不幸的是，还会让他感觉更低落，在城市节俭的穷人中，一直到农村，那里的农民甚至连一份给他们启示避免陷阱的报纸都没有。

在他们身上还剩下些法国的东西在抗议的话，他们会通过读些带着毫无恶意的呵责和安静的争论的报纸，来平息抗议。

大部分政府，必须要说，都曾把希望寄托在这种恐惧的可悲进展上，不是别的，从长期看，是精神的消亡。他们认为人们和死人的交易比和活着的人的交易做得更好。为了让他们害怕人民，不停地把美杜莎的两个头露给这些受惊的人看，一看就会永远成为石头："恐怖时代"*和共产主义。

历史还没来得及仔细审视这"恐怖时代"的独特现象，任何人，任何政党，肯定都不能恢复原状。在这里，我能说的全部就是，在这种全民幻象背后，煽动者，还有主张恐怖政策者，绝不是普通平民，而是有产者、贵族、有学问的人、敏锐的人、反常的人、诡辩家和神学院修士。

至于我刚刚提到的共产主义，用一个词来说明足够了。世上最后一个废除封建土地所有制的国家，是法国。就像这个流派所说的、"田产都是偷来的东西。"这片土地上有2500万"小偷"，他们将来也不会放弃自己的财产。

依然在那里，出色的国家机器来恐吓这些拥有私人财产的人，让他们违背原则行事，剥夺他们所有的道德准则。你们看，好政党被狡猾的人和他们的朋友从共产主义中拉了出来，尤其是在瑞士。每次当自由派政党要夺下地盘时，人们发现，恰好就有人张扬地散布一些恶毒的言论，所做的凶残罪行让善良的业主、新教徒、天主教徒害怕得颤抖，伯尔尼和弗莱堡同样多见。

没有一种情感是不变的，当然恐惧的变化没有其他情感那么明

* 指法国大革命时1793年5月到1794年7月这一阶段。——译者注

显。要接受这其中的进步。然而恐慌会夸大恐慌的对象，减弱病态的空想。每天，都产生新的怀疑；这种想法于今是危险的，现在这样的人，明天就会成为这样的阶层；我们闭门不出，筑起路障，紧闭大门，封闭思想；一天天这样过去，连能透过一点点光线的细缝都没有了。

与平民有了更多的来往。有产者不再只从法院的判决公告中去了解他们。有产者从仆人看平民，仆人偷平民财物，并嘲笑他。他透过窗玻璃看平民，从那里走过的醉汉，大喊大叫，脚滑摔倒，在烂泥中打滚。他不知道这可怜的坏蛋，毕竟，比批发和零售的投毒者要正直。这些投毒者令他陷入如此悲惨的境地。

艰苦的工作使人粗鲁，用语粗俗。来自平民阶层的人的声音粗粝刺耳；他们曾经当过兵，时常表现出军人的力量。有产者从中推断出他的道德品行有点粗暴，更多表现在他在自己欺骗自己。任何事物上都比它在这件事上更能感受到时代的进步。最近，当武装力量粗暴地闯入木工母亲家中时，所有的钱柜被打破，各种证件被扣押，一点点微薄的储蓄，我们难道没有看到这些有胆量的人在适度地自我控制，信赖法律？

富人，一般都是暴富，昨天都还是穷人。昨天，他们曾是工人、士兵、农民，这放在今天都是他们避之不及的职业。我非常了解孙子，出身富贵，就会忘记这些；但是在一个人生活中，三十年或者四十年，不知道自己的身份，令人费解。做点好事吧，你们这些好斗的人，不止一百次地看过敌人，你们就不担心面对你们可怜的同胞，他们让你们害怕。他们要做什么？他们今天开始做的，就是你们以前开始做的。从那里经过的人，就是年轻的你们……这小小的应征入伍者唱着《马赛曲》离去，你们不也是孩子，92*年离去？非洲军官，怀着雄心壮志，一股战争的气息，没有让你们回想起1804年和布洛涅军营？和你们一样，商人、工人、小工场主和追逐财富的人十分相似，快到1820年那时候。

这些人和你们一样，如果他们可以，他们也可以晋升，很可能有最好的方法，生在一个好时代。他们赚很多钱，而这对你毫无损失……让这种人们传播的错误的观念在其他人身上起作用吧。每次人潮的涌动上升都会带来一波新的财富。

你真的知道离群索居、闭不出户的危险吗？这封闭的是空虚。驱逐了人和思想，我们变得渺小，变得贫穷。我们在自己的圈子里抱团，在自己习惯的小圈子里，不需要思想，不需要个人行动。门关得紧紧的，房里却空无一人……可怜的富人，如果你什么都不再是，你还要如此好好保留什么？

让我们来剖析一下这个人，和他一起看看他是否还有记忆，是个什么样子，留下些什么。没有经验的革命冲动，唉！谁能看到里面最细小的痕迹？帝国的作战实力，对复辟的自由向往，没有显露更多。

今天这些人，我们看到的是数量的逐渐下降，而在每个阶段好像数量都在提高。农民，生活简朴，节俭朴素；工人，是好伙伴，对他的家人乐于援手；工场主，非常勤劳，精力十足，他用工业爱国主义极力对抗外国工业势力。他把这一切留在路上，什么都没有来到自己的位置；他房子里都堆满了，他箱子里也塞满

* 1792年。——译者注

了，只有灵魂是空空的。

生活被点燃，生活被生活吸引，又被离群索居熄灭。越是混入不同于它本身的生活，越与其他东西相互依赖，越是充满力量地生存下去，幸福而丰富。在动物等级里下滑到可怜的生物，令人怀疑你们到底是不是植物或者动物，你走进了孤寂；这些微不足道的创造物和其他东西几乎没有任何联系。

不太聪明的利己主义！害怕富人和有产者的阶级从哪方面考虑呢？他们去哪里联合，去哪里结盟呢？当然是跟最活跃的，跟来到这个国家的政治势力强大的集团，跟资本家，在革命期间，拿出钱夹，穿过隘口……地主，你们知道几乎没动过的是谁，甚至还没有土地动得多？……是平民。依靠他们吧！

拯救法国，拯救你们，富人，你们不害怕人民，你们走向人民，认识他们，把他们当作取笑的对象，这些人却跟现实没有一点关系……要相互理解，开口说话，敞开心扉，相互交流，就像人们平时交往的那样。

你们会下行，变得虚弱，继而衰落，如果你们不向自己求助，不接受强大的有能力的人。通常意义上跟本领大小无关。一个大会有150个律师，而以前是300个，都不太重要。在现代神学院修士中培养出来的人并不能令世界焕然一新……不，他们是有天赋有灵感的，没有很多文化，或者说具有其他文化（不同于我们的行为和态度的文化，我们不太欣赏的文化）。正是他们的联盟让有学问的人产生了活力，让生意人更务实，这种务实是生意人近期欠缺的；这种务实在法国身上又体现得过多了。

我应该希望的是，富人和有产者能达成广泛的坦诚的宽宏的联合，我没有这么做。他们都病得很重，人们不会那么容易死里逃生。但是，我承认，我还是寄希望于他们的儿子。这些年轻人，就像我在我们学校看到的他们，在我的讲台前，他们有着好的本性。他们总是由衷地欢迎有利于人民的允诺。他们做得越多，他们越是会向人民伸出援手，很早和人民结成共同复兴联盟。这群富有的青年人，不会忘记身上的担子很重，他们父辈的生活。他们父辈在极短的时间内晋升，享受过，又失去；出生的时候，他们疲倦了，而且他们如此年轻，急需收集人们的想法，让自己年轻化。他们最大的优势，是和人民关系密切，他们刚刚从人民中来，人民是他们的根基。当然，他们愉快地回到这里，在这里恢复了少许强大的活力，这种活力从89*年开始，让法国才华横溢，财富累累，军力强大。

不管是年轻的还是年长的，我们都很疲劳。为什么我们不承认这一点，在已经持续半个世纪的艰难岁月即将结束之际？……这些和我一样，来自不同阶级的人，一起经历，通过各种考验，保留着人民丰富的本能，在路上这种本能失去了不少；在内部斗争中，又丢掉他们很大一部分力量……来不及了，我感觉到；晚上不能晚到。“最大的阴影已降临到山顶。”

对我们来说，年轻人和力量强大的人！？来吧，劳动者们！我们张开双臂，欢迎你们。把新的热情带给我们吧，让世界，让生活，让知识重生！

对我来说，我希望我的学识，我珍贵的论著，历史著作，在人民生活中重生，借助这些新事物，变成重要而有益的东西，这也

* 1789年。——译者注

是我一直梦想的。人民历史学家会从人民中走出来。

历史学家可能不会比我更爱人民。我所有的经历都在人民那里，我真正的故乡，我的家庭，我的心……但是太多东西阻止我去从中获得最丰富的素材。人民给我的过于深奥的学问让我长时间萎靡不振。我需要用很长的时间去除掉人们加在我身上的诡辩者印象。最终我还是靠自己摆脱掉这不相干的附属品，我通过消极的手段认识我自己。这就是为什么，总是那么真诚，总是追求真实，我没有达到我在思想面前所具有的伟大而简单的精神满足……对你，年轻人，我所缺少的天资和才能出现在了你身上[①]。人民的儿子啊，你离人民不远，你会以巨大的力量和用不完的活力首先到达他们故事场所，我的小溪流来源于它们本身，汇入你的洪流中。

我把我做过的都给你……你，你却将这些忘记。但愿我不完整的历史被庄严宏伟的建筑物所吸收，在那里，学识和灵感和谐相融，在那里广泛而透彻的研究中，我们到处感受到人群的灵感，人民丰富的灵魂。

---

① 不过我应该提前帮他，培养他，这个年轻人。这就是为什么我继续写我的故事。一本书是做一本更好的书的方法。

第八章

第一部分 小结 & 第二部分 引言

回顾这长长的社会等级，短短几页书只能概括全貌，各种思绪困扰着我，各种痛苦纠缠着我，一个痛苦的世界……身体上的痛苦够多了！精神上的折磨有过之而无不及！……很少有我不认识的人；我知道，我感受着，我有自己那份好处……然而，我应该先离开，我的感受，我的回忆，在这云层中追寻我的一点点光亮。

我的光亮，首先是不会欺骗我的，法国。法国般的感受，公民献身于祖国，这是我评价这些人和这些阶层的标准；道德标准，当然还有天然标准；对每个生命体而言，其中每个部分的价值大小都是从它和整体的关系亲疏中体现出来的。

在国家层面，跟在地质层面一样，最大的热情来自底部。往下走，你们会发现它在增长；在社会底层，它在燃烧。

穷苦大众更爱法国，就像有责任有义务去爱一样。富人也会像爱他们的公寓一样去爱法国，是负有责任的事。前者的爱国主义，是出自自觉的责任义务；而其他人的爱国主义，是一种强制要求，权利上的要求。

农民，我们之前提起过，通过合法婚姻同法国结合；法国是他永久的妻子；他是它其中一个丈夫。对于工人而言，法国是他漂亮的情人；工人什么都没有，但他有法国，高贵的往昔和荣光。摆脱了地区观念，他们更热爱“大一统”。他们必须过着悲惨生活，为生计奔波，当这种感觉让他无力抵抗时；他们从未这样死去。

如果我们往上升，升到了制造商，升到了商人这些阶层，令人不快的利益奴役依然在增长。他们总是觉得危机四伏，在绷紧的绳子上行走……破产倒闭！为了避免局部的损失，他们去冒满盘皆输的风险……他们做好了，然后七月又打乱。

然而，人们就可以说在这个有着几百万人的阶级中，圣火肯定熄灭，无可救药？我不会自然而然地这样想，认为他们中的激情处于潜伏状态。外国敌对势力，英国，会来阻止他们失去激情的光芒。

我来到这么高的地方，好冷啊！感觉像在阿尔卑斯山上。我触摸到了冰雪区。精神之树一点点在消亡，国家之花失去光彩。这就像是一个一夜之间受到严寒侵袭，忍受着自私自利和恐惧……

当我再往上走一层时，恐惧停止了，这是没有祖国的会算计的人的纯粹利己主义；人更多了，但是数字……被自然界抛弃的真正冰川[①]……希望人们允许我下山，我实在忍受不了这里的冷，我快无法呼吸了。

是的，正因为我相信，爱就是生活本身，在那上面我们生活得非常简朴。从民族感情上看，似乎是谁作为一个人延伸他的生活从法国的整个伟大生命中，人们越往上越靠近上层阶级时，活力就越少。

无论如何，作为回报，人们对苦难若没有那么敏感的话，会不会更自由更幸福一些？我对此表示怀疑。我知道，比如，大的工场主，比悲惨的农村小地主高级得多，和地主一样，甚至比地主更受奴役于银行家。我知道，小商人把他所有的积蓄投到有风险的生意中，损害了家庭的利益（如同我之前解释过一样），不安的等待、欲望、竞争都让他萎靡不振，甚至还不如工人的幸福感强。工人如果是单身的话，如果他可以，每天4法郎的工钱，攒下30苏以防失业，一定比开商店的老板快乐得多，而且还更独立，束缚更少。

而那些富人，人们说他们在自己不良习气中煎熬。说谎、贪婪、虚伪等已经够他们受的了，还有厌倦、精神空虚、一个人更

---

① 这些冰川没有阿尔卑斯的冰川那不偏不倚的冷漠，后者积累大量的水只是为了不加区分地浇灌到山下的所有国家。守财奴，不管人们说什么，都有一个祖国，伦敦证券交易所；他们在各处行动，而他们的根却在能赚大钱的地方。如今，和平全副武装起来，这场不动的战争使欧洲精力渐尽，把所有国家的资金都交到他们手中，他们能爱上什么？维持现状的国家，英国。他们会恨什么？持续变动的国家，法国……最近他们相信通过收买法国抛弃的二十多个人能削弱法国。另一个错误：因为虚荣，因为夸大的安全感，他们把国王放到他们这一边，加入贵族中，以此政治风险连在一起。这就是他们的父亲，中世纪的守财奴。从来都不会做的。这是一种什么样的堕落啊，在守财奴式的智慧中。

有价值的感情，要保留足够的生命去感受生命的衰退，在清醒的时候去看他陷入苦难和小人物的嘲笑……意志让你重新站起来，衰弱，却再也不能按这种意志行事，还有比这更令人伤心的吗？在法国人看来，沦落到一个四海为家的人，一个普通人，从正常人变成了萎靡不振的人！

面对这一切，我该说什么呢？说穷人就幸福？说命运都是相同的？“但愿有弥补？”上帝防止我坚持做一个错得离谱的论断，这个论断确切得使人心力交瘁，坚定利己主义！……难道我看不到，难道我通过经历不明白，身体的痛苦，离排斥精神痛苦还有很远，与经历结合在一起？可怕的姐妹会相互勾结，压榨穷人！……你们看，打个比方，我们这里贫民窟的女人的命运，生孩子生得死去活来，在物质需求中找到一个精神痛苦的极大原因。

精神上也好，身体上也罢，这个社会有超乎其他社会的属于它的痛苦：它变得极其敏感。但愿人的普通苦难逐渐变少，我相信，历史也足以证明。苦难在减少，虽然下降比例很小。当境界提高的思想为痛苦打开一个全新的领域时，心给予，通过爱，通过家庭关系，获得新的财富……受苦的机会代价太高，没有人一定甘愿牺牲……它们把生活弄得糟糕透顶！我们再也忍受不了的除了现在，还有将来，还有种种可能。灵魂，首先受到伤害，感受痛苦并紧逼它，它应该来，有时候从未来过。

为了达到极限，这个个体敏感过度的年龄，在这个年龄，所有东西都是通过集体资产形成的，最不适合爱惜身体。行动，任何种类的行动，集中在几个大的势力团体，不管愿意不愿意，人人被卷入这个旋涡。人在这个旋涡中显得多么渺小，在这个非人的大规模系统中，他们最宝贵的思想，最心痛的痛苦变成了什么样子啊，唉！这种感受谁能说出来？……巨大的机器在运转，威严冷酷，机器中各种小部件，受到严酷的碰撞，这就是活生生的人。

活跃的齿轮在同一个推动力下运转，至少它们都相互认识吗？它们这种必然合作关系能带来一种道德关系吗？……一点都不会。这是这个时期奇怪的秘密，在这一时期，表面上人们越是通力合作，人心就越散。将思想集体化的集体财富让它运转，传播出去，从来没有更伟大，孤立从来没有比这更彻底的。

对没有以历史观点观察导致的体系进步的人来说，谜团依然令人费解。这个体系，我用一个词概括：机械化；人们使我想到了根源。

中世纪确定了爱的形式，最后成了恨。它贡献了不平等不公正，让爱成为不可能。爱和自然的强烈反应就是我们所说的“文艺复兴”，并没有建立一种新的秩序，只是形成一种混乱，对世界来说，秩序是一种需求，会这样说：“那好吧，我们不要爱了；这种一千年的经验足够了！让我们在力量联合中来寻找秩序和力量吧，我们会找到一些机器，它们认为秩序和力量是一起的，而不需要爱，它们把人们紧密地排列在一起，用钉子钉，铆钉接，螺丝拧，使其相互憎恨，共同起作用。”我们彻底改变这些行政机器，类似于古罗马帝国的行政机器，柯尔贝尔似的官僚作风，卢福瓦似的武器装备。把人作为常规力量来雇佣，这些机器有优势，它有生命，少轻率，少不平等。

无论如何，这些还是人，他们还保留着人的一些东西。机械化的奇迹，就是省去人工。一旦被我们改变，让我们去寻找力量，就能单独起作用省去我们，就像时钟的齿轮。

被我们改变，还是被人改变？这是一个缺陷。自然不光提供了机器的元件，还提供了发动机……就这样我们造出了钢铁工人，10万力臂，10万轮齿，精梳、细纺、密织，用各种方式张开；力量，他们用到了，就像安泰俄斯*，在娘胎中的时候，天性，给元素，给降下的水，或者被紧紧束缚，膨胀后成为水蒸气，推动他们，用强有力的叹息激励他们。

政治机器使我们的社会行动统一成无意识的行动，让我们免去爱国主义；而工业机器，一旦创造出来，就开始大批量无止境地生产千篇一律的产品，有一天用到了技术，就让我们免于每天当艺术家了……这已经很好了，人不用再拼命抛头露面了。不过，机械化想得到更多，人的机器化还远远不够。

他保留着独自的思考，哲学般的沉思，真实的纯粹思想。此时，人们不能进入他的程式中，除非借用的经院哲学把他从中抽离出来。一旦他进入这个空转的齿轮——会思考的机器，被牵连进国家机器，而得意扬扬地运转，就被称为国家哲学了。

怪念头天马行空，喜欢并反复无常地创造空洞的诗句……无用的活动！力量的衰退令人不快！反复无常盲目跟随的对象是这么多，都没法进行很好的归类，为每个阶层，冲制一个模子，在模子中我们没有什么要倾倒的，如果有冲制镂孔的需要，小说或者戏剧，人们所控制的所有作品？从事文艺工作的人更多了，他们展现出更多的热情，更多任性而为……英国经济梦想着，就像工业理想一样，唯一的机器，仅仅一个工人重新装配这台机器。对

* 古希腊神话中的巨人。——译者注

机械化来说，这是多么巨大的成功啊，让带着奇思妙想的翅膀的世界成为机械！

让我们来概括一下这个故事：

国家，比祖国弱；工业和文学，比艺术弱；哲学，比考试弱；人性，比人弱。

如果世人受着苦难，在抽气机下感到无法呼吸，会是怎样的吃惊？他找到放弃灵魂和生命的办法；我指的是爱。

被中世纪所骗，它曾保证团结，却食言了，在气馁中，它放弃后又开始寻找不再爱的能力。

机器（我不排除最美的机器，工业的，行政的）在那么多优势中[①]，给人一个最微不足道的能力，集合多方力量而无须合并内心，合作而无爱，共同行动生活却互不相识；联合的精神力量把机械集中带来的收获损失殆尽。

在合作中，也有不爱交际、离群索居、令人不快的接触，没有意志，没有热情，感受到的只有冷酷的矛盾和冲突。结果不是冷淡，和人们想的一样，而是厌恶和憎恨；不是社会的简单否定，恰恰相反，是社会在积极地变得孤僻难相处。

我看在眼里，感受在心中，好好地审视我们的苦难，人们带给我的苦难。很好！我发誓，我肯定，在所有苦难中，如此真实的苦难中，我没有弱化，甚至更糟糕的，是精神的苦难。我从那里听到难以置信的无知，在这种无知中，我们体验着我们与众不同的生活，同样理解务实者和投机者。有这种无知的主要原因是，

---

① 我来没有打算对这些优势提出质疑（参看第二章）。谁愿意回到这样无力的时代，人在那里没有一台机器？

我们不认为我们有相互认识的必要；没有灵魂的上千种起作用的机械方式，不让我们去知道人的真正含义，去看到人身上力量或者数字以外的东西……我们作为数字，抽象物体，我们通过求助于机械化，从生死攸关的战斗中解脱出来，每天都感觉变弱，回到零点。

我曾多次观察这种十足的愚昧无知，在这种无知中，每个阶级都有着不同于其他阶级的生活，看不到，也不愿去看。

比如我们，作为有教养的人，我们很难发现人民身上好的东西！我们把各种存在的东西都归因于他们，这些东西几乎是命中注定地扎根在他们身上：一件又旧又脏的衣服，过分地节制，口吐脏话，粗糙的双手，我知道什么？……如果他们不那么粗鲁，我们又会变成什么样子？……我们留心于外部事物上，留心于形式上的苦难，这样，我们就看不到良心和高贵，它们常常在底层。

他们，另一方面，他们从不怀疑饱满的灵魂能存在于一个虚弱的身体之中。他们嘲笑博学者，说他们过着高位截肢的人的生活。在他们看来，博学者就是一个游手好闲的人。他们认识不到沉思和冥想的力量，坚韧带来力量的极大提升。所有的优势在斗争中没带来一场胜利，给人的感觉就是赢得不精彩。好多次，我微笑着，隐约看到荣誉勋章似乎安错了地方，竟然在一个孱弱的、脸色苍白阴沉的人身上！……

是的，误会肯定存在。他们看不起学习的力量和坚持不懈的思考的力量，这都是能产生创造者的力量。我们也否认天赋、灵感、毅力这些能产生英雄的品质。

这是，请你们相信这一点，世界最大的痛苦。我们相互厌恶，相互藐视，相互不理睬。

人们所用的不完全药方还不错，但可能最根本的药方是全身性的药方，是需要治愈灵魂的。

穷人假设通过某种法则来与富人建立联系，一切都能结束，世界变得更美好。富人则认为让穷人重新相信某种宗教形式，这种形式已经消亡了200多年，能使社会变得更加巩固……这局部药效果也太好了！他们似乎想象到这些政治或者宗教的程式肯定有一种连接世界的神秘力量，好比他们的力量不协调，这种在它们内部找得到或者找不到的协调！

心病要用心药来治！把你们的老药方丢到一边去吧。打开心扉，张开双臂……啊！总之，这些人是你们的兄弟。你们忘记了吗？……

我不是要说这种或者那种形式的结合做不到优秀。但首先要说的是，这更关乎内容而非形式。最巧妙的形式对你们可能一无是处，如果你们难以相处的话。

在有学问并长于思考的人和本能的人之间，谁会迈出第一步？我们，有学问的人。在我们看来，障碍（厌恶反感？懒惰迟钝？冷淡无情？）是无聊没意义的。在他们看来，障碍真的很严重，无知的灾难、痛苦让心门关闭，心灵枯竭。

可能人民也在思考，常常比我们思考得更多。然而，他们显现出的特点是涉及思想和行动的本能力量。人民，就是天性之人，行动之人。

世界分离的主要体现是今天存在的荒诞对立，在机器时代，在本能和反思之间；对本能的才能而言，它觉得可以不要对反思的蔑视。

当然，我需要就什么是本能什么是灵感做出一些解释，我来确定其正确性。请跟我来，一起看看这个研究。这就是我研究主题的各种先期条件。政治城邦只熟悉自己，在这些病痛和药方中，当它在精神城市的镜子中会看到自己的时候。

上卷完

第二部分

论以爱解放/天性

第一章

对人民的本能，直到现在都少有研究

在开始这项庞大而困难重重的研究之际，有件事让我不太放心，这条路上只有我一个人，我连一个可以求助的人都碰不到。好孤单！可我依然充满勇气，满怀希望。

许多高贵的作家，有着贵族的精神，总是描绘着上流社会的风俗，总想起人民；他们好心好意，试图把人民变得时尚。他们走出客厅，来到街上，向路人询问人民的所在之处。路人指给他们那些有苦役犯监狱的糟糕的地方。

这个误解引起了一件令人非常不快的事，他们产生了一种与他们找寻的完全相反的效果。他们选择、描绘、讲述，为了让我们关心人民，却是远离我们和使我们害怕的人民。“什么！人民竟是这样的？”有产者中畏畏缩缩的一群大声嚷道。“快，我们要增加警力，拿起武器，关上门，插上门闩！”

实际上我们需要看到事物的本质，然而正巧这些艺术家、大剧作家，首先，以人民的名义，描绘出一个非常狭隘的阶级，这个阶段的生活充满了各种意外、暴力和行政越权，而这些却给这些艺术家和大剧作家们提供了一个简单的别致，可怕的成就。

刑法学家、经济学家、风俗描绘者*，他们都是专门照料这群特殊的人民，这群失去社会地位的阶层，这群人每年增长的罪行和惯犯的数量让我们感到害怕。这群人众所周知，多亏了我们法庭的判决公告，多亏了诉讼程序一丝不苟的缓慢，在这里占据一席之地，小心翼翼地，放在欧洲任何其他国家都不可能获得这样一个位置。德国的秘密审判，英国的快速裁判，不给罪犯看任何公告说明，不是隐瞒就是拒绝受理。英国，在这方面比法国丰富两三倍，不展示它的伤心事。这里相反，没有哪个阶层不是获得由一个更完整的公告带来的尊重。

奇怪的群体，竟然靠另一个群体生活，凭兴趣被这另一个群体跟随；它有日志来记录动作，调整说话方式，提出意愿。它有它的英雄，它的名流们，大家只知道他们的名字，定期参加会议，跟我们讲述他们的活动。

这帮社会精英拥有特权，是唯一能摆在人民描绘者之前的，主要来自大城市，没有哪个阶级比工人阶级所作的贡献更大。

这里依然是刑法学家控制着舆论；跟着他们走，在他们的启

* 指作家、演说家。——译者注

发下，经济学家研究怎么称呼人民；对他们来说，人民，就是工人，特别是手工工场工人。这种说话方式用在英国并不合适，因为在英国，从事工业生产的人数占总人数的三分之二，而是主要用于法国这样一个农业大国，其工人数量只有六分之一。[①]这是一个人口众多的阶层，不过，却是一个少数派。那些去找寻他们的典范的人无权在下层写道：这就是人民的肖像。

仔细观察这些大城市里风趣堕落之人，他们如此吸引观察者，听听他们的用语吧，收集一下他们的俏皮话，很多很巧妙，你们会发现一件大家都未曾注意到的事情：这些人往往不会读书识字，却依然用他们的方式，体现为有教养有才华之人。

生活在一起的人们，总是相互接触，必然发展到简单的交流，就像自然界高温的作用。他们相互做出教育，不适当的教育，如果人们愿意的话，最后就是教养。一个在大城市里唯一的风景，什么都不想学，人们每时每刻都在讯问，为了了解成千上万新东西，只需要走到街头，睁大眼睛慢慢走，这风景，这城市，你们也知道，这是一座学校。生活在里面的人们不光有着本能的天然的生活，他们还很有教养，观察或仔细或不仔细，思考或认真或不认真。我看他们都非常精明，甚至有点精明过头了。一种高雅文化的影响在那里表现得再明显不过了。

如果你们想在世上找到某些跟本性相悖的东西，完全和儿童所有天性相对，看看这个被我们称为“巴黎小孩”的人造人[②]。人为

---

① 在这六分之一中，手工工场的工人只占极小一部分。

② 这是国民性的奇迹，这个被遗弃的小孩，被教唆着做坏事，兴奋过度，无论如何，还保留着某些品质，有思想，有勇气。

的成分更多，恶魔孩子里最小的，伦敦的可怕小人，12岁就进行不正当交易、偷盗、喝金酒、去风俗场。

艺术家们，看，这就是你们的榜样！……怪异，另类，骇人听闻，这就是你们找寻的。伦理学家讽刺画画家：如今区别何在？

一天，一个男人来向伟大的地米斯托克利*提出记忆术的建议。他悲伤地答道："还是给我一个遗忘的方法吧。"

上帝给了我这种技艺，让我今天忘记你们的怪人，你们的荒诞作品，你们令人不快的抗辩使我思绪混乱！你们开始行动，手拿放大镜，在排水沟里寻找，在那里找到说不清楚的肮脏污秽之物，你们把这东西带给我们："太好了！太好了！我们找到了人民！"

为了让我们关怀人民，他们撬开锁，强行开门，跟我们描绘人民。在这些生动的描述中，他们加进了深奥的理论，人民理解了这些理论后，为自己争产行为辩护……的确，对人民来说，这是可怕的痛苦，在其他这么多人之上，有这些冒失的朋友。这些行为，这些理论，绝不属于人民。大众或许并非纯洁无瑕，也并非无可指摘；不过最后，如果你们想用一种观点去描绘他们的特征，这种观点在绝大部分情况下控制了他们， 你们会看到他们恰恰相反，通过劳动，通过节俭，通过最体面的方式忙于建立巨大的事业，这事业成就了国家的强大，所有人都加入产业中来。

我说过，我感到孤独，会有点悲伤，如果没有我的信仰和希望相伴的话。我看到自己的虚弱，从天性，从我以前的工作中，在这项宏大的主题前，就像在巨大的建筑物脚下，我得一个人去

* 古雅典政治家和统帅。——译者注

挪动它……啊！如今外形全毁，布满陌生的聚合物、苔藓、霉斑，被雨水泥土弄脏，被路人的辱骂诋毁！……画家，真正的艺术家，来了，打量着，令他开心的就是这些苔藓……我，我想拔掉它们。而画家，您遗漏的这个东西，不是一件艺术玩具，你们看，这是祭台！

我得凿穿地面，来发现建筑物的深处根基；我看到了碑文，现在完完全全地埋在土里，隐藏得很深很深……没有用十字镐、马蹄铁、鹤嘴镐来凿挖，我的指甲就够了。

我将可能拥有的幸福是我十年前就有过的，当我在霍利鲁德发现两幢奇怪的建筑。我在著名的礼拜堂，那里很早就没有了屋顶，雨水和雾气直接落到屋里，布满坟墓，坟墓上爬满厚厚的苔藓，似绿非绿的。对不幸失去的以前的同盟的回忆带给我遗憾，在法国这些老朋友的墓上，我什么都读不出来，我感到很遗憾。不由自主地，我把一块石头上的苔藓去除掉，我读出一个法国人的碑文，他是第一个铺爱丁堡路的人。被激起的好奇心将我带到刻有一个逝者头像的另一块碑石前。这个墓碑，平倒着，掩埋在一块布满霉斑的裹尸布里。没有任何工具，我用指甲刮着，能从一个写着拉丁语的碑文读出点什么，四个词几乎被抹掉，我辨认了很久，这些有着重要意义的词句，非常适合令人沉思，这碑文曾经让人揣想一个悲惨的命运。这几个词是："忠实于法律，而非国王。[①*]"

---

① 这是全部的铭文，就像我看到的，或者感觉看到的，因为它在这块有300年的青苔上几乎被擦掉了：H.哈特。《忠实于法律，而非国王》，美洲豹出版社，1588年。

* 原文此处为拉丁文Legibus fidus, non regibus。——译者注

我今天依然在挖凿……我想达到地底最深处。不过这次我要找寻的不是一座仇恨和国内战争的建筑物……相反，我想找到地下深处，下到这片贫瘠冷漠的土地深处，那里社会热情在重新燃起，全体生命的财富完好保存，为了所有人的缺少爱的滋润的源泉重新被打开。

第二章

人民的天性，贪婪而强大

评论界期待我有第一个词，禁止我说话："您做了一百零几页的很长的一个社会苦难小结，与各种地位等级有关的奴役。我们忍耐，充满希望，在重病过后，我们终于找到了药方。如此真实的痛苦，如此肯定，如此详尽，我们期待你们提出不同于含混词句的异议，不是平凡的感伤，不是道德的超验的药方。希望你们建议具体的改革；对每一个流弊，制定一个清晰的公式，确定需要改变的地方；把这个公式投到每个议会……或者，假如你们依然在抱怨，在幻想，那最好重返你们的中世纪，你们本来不应离开那里的。"

似乎并不缺少专门的药方。我们有将近50000

个在法令集*中；每天我们都在往里添加内容，而我却看不到有多大改善。我们的立法医生把每一个出现在这儿还有那儿的症状看作是一个个孤立的不同的疾病，他们相信能够通过实施这样的局部治疗战胜这些疾病。他们很少感觉到社会全体成员各部分之间极深的相互关联，以及和这些部分相关的所有问题的相互关联①。

希罗多德**跟我们讲述埃及人，在科学诞生初期，针对身体的每个部分有不同的医生，一个治疗鼻子，一个治疗耳朵，还有一个治疗胃肠等。对他们来说，他们的药方是否对症并不重要；每个人都是分开工作，互不打搅；就算四肢治好了，病人医治无效死亡了，这都只关他自己的事。

我承认，我有过另一个医学理想。在我看来，在所有外部和局部药方之上，了解产生所有这些症状的内在病痛并非毫无用处。这种病痛，在我看来，心灵的冷淡麻痹产生不爱交际和孤僻；这种不爱交际的孤僻主要原因还是我们错误地以为离群索居能不受伤害，以为我们一点都不需要他人。有教养的富人阶层，特别是自认为他们和人民的本能毫不相干，觉得书本知识足以应对一切，实干家不能教会他们任何东西。为了启发他们，我必须深入研究直觉能力和活动能力中有丰富成果的那一部分。这条路很长，但合情合理，其他的路都没有这么长。

我把三样随身物带入这项研究。当我一提起我是独自一人时，

---

* 1794—1931年颁布的。——译者注

① 为了举一例，他们只想把监狱感化问题看作是一个公共义务教育问题的附属。不管是有关人的培养，还是人的改造，抑或是人的教育还是再教育，国家应该叫他们小学教师，而不是泥瓦匠；宗教上的教师，道德上的，国家的，以上帝的名义和法国的名义来讲话。我看到过如此可悲的人，人们都以为他绝望了，那里，道德宗教情感没有一个支撑点，依然保持着对祖国的情感。

** 希腊历史学家。——译者注

我是错的。

1. 我将对现实的观察带入其中，尽可能地认真观察，于我而言，这种观察包括外部和内部。作为人民的儿子，我和他们生活在一起，我了解他们，在他们身上能看到我的影子……我如何能够在事物的本质中，像其他人一样误入歧途，去做一个规则的例外，去做对天性而言极端可怕之事？

2. 我的第二个优势，负责较少的这种移风易俗，这个出生在昨天的特殊阶层，站在人民大众的合法主体这边，我很容易地把这个阶层和它的过去联系起来。在下等阶层中产生的变化比在上等阶层中的慢得多。我几乎没有看到这群人的突然诞生，偶然地，如同昙花一现的怪物，从地下迸发出来；我看到这个阶层从历史尽头以合情合理的方式降临。当我们知道了出身、祖宗、各种先例，当人们久久地看着人如何生存时，可以这样说，就在出生之前，生命也就没那么神秘了。

3. 把人民放在其现在和过去来看，我发现它与其他人民的必然联系恢复了——在他们能达到的某种文明程度或者野蛮程度。他们相互交换意见，相互说长道短。你若是向其中一个提问，回答问题的却是另一个。这样的细节，比如，在比利牛斯山区和奥佛列地区居民的习惯中， 你会发现他们的粗鲁无礼；我把他们看作野蛮人；就这样，我了解了他们，我将他们归类，我知道他们在全体生活中的地位和价值。这些东西，在民间道德习俗中被抹掉一半，似乎无法解释，缺少理性和常识，重新出现在与原始神灵感应的协调中，这些东西碰巧不是其他东西，正是一个被遗忘的世界的智慧！……我碰到可怜的残存物，没有形状，没有认出来，但是，带着说不出的某种预感，我不想让它们在这条路上散落一地；我胡乱地将他们拾起，用它们填满我大衣的下摆……接着，通过仔细观察，带着宗教情感，我发现既不是我带来的石块，也不是我带来的碎片，而是我祖先的骸骨[①]。

这对现状的评论是通过过去，通过对各种人民各年龄层的多种比较得出的，我只能在这本小书中做出这种评论。对我来说，它依然是用于核对，用于说明通过观察、阅读、各类信息的获取得出了有关我们现在道德风俗的结果。

“不过，”人们说道，“这种控制本身难道就没有风险？这种评论难道不是大胆的？我们看到的人民是否保留着与它的起源的某种重要关系？这点平淡无奇，它会令人丝毫想不起，在他们的不文明中，这些贡物中保留着诗意般的灵感？……我们不打算让人民大众缺少繁殖力和创造力。他们生产着，以一种未开化的或者野蛮的状态；所有原始人类的国民歌声足以证明这种状态。他们在生产中也受文化的影响而转变，他们开始靠近上层阶级，与之慢慢融合。不过人们既没有神灵感应也没有学问，既无修养也不原始，刚好位于中间状态，非常庸俗且粗鲁，难道不是无能为力吗？……粗野之人自己，生来就有许多高贵和诗意，他们对从这群粗鲁之人中走出的移民是非常厌恶的。”

我不怀疑虚弱状态和身体蜕化变质，有时候是道德腐败堕落，这都是如今人民所处的状态，特别是城市中的居民。所有沉重工作，所有苛捐杂税，在古代的时候，都是奴隶独自承担，而如今分担到社会底层已获自由的人中。所有人陷入不幸和苦难之中，

① 了解我《法律的起源》这本书的人能更好地理解这个。

染上乏味的粗鲁举止，遭受丑陋的奴役。出身最完满的民族，比如我们有趣的南方民族，如此活跃，如此热爱唱歌，可怜被工作压得直不起腰；苦难、贫困、对高利贷者、追债人的恐惧，还有不这么诗意吗?

人民有关自己的诗歌不多，有关所在群体的诗也不多。至少，这个群体很少有他们能给予好评的那种诗歌，激动人心的细节在秀丽和悲怆之间。如果这个群体有杰出的诗歌，那是在和谐一致中，通常是非常复杂的和谐一致，一个不太熟练的眼神是捕获不到的。

穷苦孤独的人们，被这些大量的目标所围绕，被巨大的集体力量拉着走，而完全无法理解这些力量，自感衰弱，备受侮辱。他们没有一点自豪，这种自豪曾经让个人天赋极其强大。如果他们没有阐明，他们会十分气馁，面对这个在他们看来如此强大的大群体，如此智慧，如此博学。一切来自光明中心，他们接受它，更喜欢它，用他们自己的理解，毫无困难。在这种智慧前，小小的大众诗歌被抑制，不敢吭声。智慧强令这个女村民闭嘴，或者令她唱歌。就这样我们看到了贝朗热，在他完美的外形下，高贵的经典，成为自编自唱的国民歌手，打动了所有人，代替了乡村的古歌谣，一直到我们的水手唱着的古老旋律。近期的工人诗人模仿的是拉马丁的诗歌的韵律，自我放弃，和拉马丁在这上面一样多，常常牺牲他们能拥有的深受喜爱的独创性。

人民的错，当他们写下时，总是发自内心的，那是力量所在，从上层阶级那里学来空想和泛泛之谈。人民有一点很大的优势，即不了解暗语，可是他们欣赏不到这一优势，不像我们这样，为夸夸其谈的话语和客套话而着迷，而去追求，这些都是来自上层阶级本身的东西，当我们写下时，存在于我们文章里。这就是我们所羡慕的，我们所模仿的，跟工人文人能做的一样。他们穿衣打扮，他们戴上手套写作，失去强有力的手和手臂给予人民的优势，当人们知道利用这种优势时。

那又有什么关系？为什么要问活动家，问他们的作品是什么？人民天赋的真正产品并非是书籍，而是勇敢的行动，睿智的词汇，热情洋溢充满灵感的话语，因为我每天在街上收集它们，出自一张粗俗的嘴，那张看似最没有灵感的嘴。这样的人，再说，粗鲁地赶走您，脱掉他的旧衣裳，给他穿上制服，佩上军刀、步枪、军鼓、前进的旗帜……人们都认不出来了；完全是另一个人。第一个，他在哪？不可能再认出他了。

疲惫虚弱，蜕化变质，这都是在外部看得见的。实质依然未变。这个民族的血液中流淌着酒，在那些看似最黯淡的里面，你会发现一点火星。永远是军事能量，永远是勇敢的无忧无虑，还有独立精神的极大炫耀。他们不知道将这种独立安放在何处（他们到处都受到牵制），他们老是把它放在恶习中，吹嘘自己是更坏的。这恰恰和英国人相反。

外部的羁绊，强大的生命在内部抗议，这种对比产生了很多错误的运动，一个行动中言语中的不协调，第一眼看到时会很不舒服。这种不协调也让贵族欧洲抱怨把法国人民和富有想象力且说话时手势多的人民弄混，像意大利人民、爱尔兰人民、威尔士人民等。能把这两种人民用一种强大的、截然不同的方法区分开的，是在最大的差异中，在充满想象力的俏皮话中，在人们喜欢称呼的堂吉诃德式的冲动中，他依然能保持通情达理。在最狂热的时刻，一种坚定而冷静的语气指出人没有失去土地，他自己都没有上兴奋狂热的当。

这种兴奋狂热通常和法国人的性格有关。为了特地回到人民中，我们注意到本能在人民那里占统治地位，为了行动，给人民一个巨大的优势。从考虑周到的想法到付诸行动只能借助所有决议和讨论，这种想法的到来要经过很多过程，而且经常都不来了。相反，本能的想法倒是常常触及行动，几乎就是行动；它几乎同时是一个想法加一个行动。

我们所称的下层阶级，更凭本能做事，有了本能，下层阶级能完全胜任行动，时刻准备行动。而我们跟他们不同，我们是有教养的人，我们喋喋不休，我们争论不休，我们用语言有力地传播我们所拥有的。面对精神的扩散，面对从一本书追逐到另一本书的无聊消遣，或者让他们相互打斗，我们变得焦躁不安。我们对那些小问题非常生气，我们遭受着极大的损害和斗争威胁……这表明，我们什么都不做，我们不行动……我们开始介入其他的争吵。

他们，他们说得没这么多，他们没有像学者和长者那样把嗓子喊哑。可是，一个机会出现了，无声无息地，他们好好利用它，他们全力以赴。话语的简洁有利于行动的有力。

这个一确定，在这些阶级中，让我们把古时候或者中世纪英雄般的人物看作是评判者，问他们在说话者和行动者中，谁构成了贵族阶级。他们会回答"那些行动者"。不带一点迟疑。

如果人们更愿意将优势放在常识和良好的评判中，我不太清楚我们到底在哪个阶层能找到一个比法国老农更明智的人。不说在利益上敏锐，他非常了解大众，他能推测出他没有看到的社会。他有很多的内在反省，对自然事物的非凡先见。他评判天，时而评判地，比古时候的预言者更到位。

在只有生理满足而缺乏精神生活的表象下，这些人在遐想，在沉思，这种在青年人中所谓的梦放到了老者那里就是思索和智慧。我们呢，我们借助各种帮助产生、维持、固定这沉思。而另一方面，越是陷入生活琐事，纵情于欢愉之事，浪费时间在毫无意义的闲谈上，我们思考的时间几乎没有了，同时也更不愿去思考了。人民，恰恰相反，在他工作中总能找到一种不可避免的孤独感。脱离了农耕文化，脱离了吵闹的职业，虽然这种职业也在人群中产生了一种孤独和寂寞，如果不想厌倦无聊而死，那就要让灵魂转头朝向自身，与灵魂对话。

特别是人民的妻子，相比别人，更被要求成为家庭的保护人，甚至是其丈夫的保护人，每天被迫机敏地不停地用些合乎道德的计谋，久而久之，甚至达到一种令人惊叹的老练。在这里，我看到，一群女人快到生命结束之际，经历了大量的严酷考验，依然保留着最纯洁的本能，经过思考而不断自我完善，从忠实而纯洁的一生中天然发展变得高尚，都不再属于他们的阶层了，我觉得，也不属于其他阶层，却又真正优于所有阶层。她们的审慎敏慧是那么与众不同，在这些问题上，你们也假设不出她们的任何经历。在或然性中，她们能清楚地看出，人们自愿相信她有预知能力。在任何地方我都没有遇到过这两种东西的结合，人们通常认为两者区别太大，甚至完全对立，即人的智慧和上帝的精神。

第三章

人民在牺牲了本性之后就能获得更多？——混杂的阶层

我们谈到的农民，小心谨慎又深思熟虑，却有着一个不变的想法：那就是不希望他们的儿子当农民，他们要晋升，成为有产者。他们大获成功。他们的儿子，构成了他们的阶层，一个个成了本堂神甫、律师、工场主，太容易认出来了。红色，强大的一群，他们分布在各行各业，用粗俗的活力占据了各行各业；能说会道的演说家，一个政客，一个重要人物，手段高明，再没哪一点像下层人民了。在上流社会，到处都能看到他们的身影，那覆盖一切的大嗓门，在结冰的手套下藏着他们父亲粗大的双手。

我不善表达：父亲的强大，儿子的粗鄙。父

亲，毫无疑问，更矫捷，更敏锐，更贴近于贵族阶层。他话不多，却能直达目标。

放弃了父亲的地位，儿子还能晋升吗？从父亲到儿子，有进步吗？……毫无疑问，对于知识学问来说，有。对于独创性和现实的杰出高贵来说，没有。

如今，放弃自己地位的人，都得到晋升或认为会晋升。50万工人，用了30年的时间，获得执照，成为师傅。从农村短工中变成地主的人不计其数。那些所谓自由职业广泛吸收社会下层人民，挤得满满的。

这些在思想领域和道德观念上带来了巨大的变化。人的灵魂生活寄托于物质状况，太奇怪了！有穷人的灵魂、富人的灵魂、商人的灵魂，似乎人成了物质财富的附属品。

阶层之间，没有结合，没有组合，只有快速粗糙的混合。大概是为了去除障碍，否则难以逾越，也是为了遇见新的平等。然而，这种变化依然对艺术、文学甚至所有事物产生影响：极大的庸俗化。小康生活的人们，甚至是富人，非常好地适应了这些平庸的低价物；你们会看见在外观奢华的豪宅里的一些低档物品，丑陋而毫无价值；人们要低价的艺术。成就真贵族和牺牲能力的是那些暴发户缺少的东西；对于暴发户而言，在艺术中，在政治中，他都没有这东西。他不懂得牺牲，即使以他的真实兴趣来说。这种精神残疾伴随着他的享乐甚至他的虚荣，使这种享乐、虚荣也变得庸俗起来。

所有阶层里都有这个阶层，这种混杂形成得非常快，已显出颓势，那还有生产性吗？我很怀疑。骡子是不能生育的。

在我看来，一国人民，相比于军事民族（法国，波兰等），完完全全就是资产阶级，英国人在有产者的未来机遇上已给我们启发。世界上没有哪个国家有这么多的阶级变化，没有谁能如此机智地把暴发户商人的儿子伪装成贵族。这些贵族，近200年来，使英国贵族的面貌焕然一新，有一个特别的关心需要保留，名字和军队，古老庄园，家具，继承的藏品；他们直到被仿造，从风格到特色，古老家族，他们还居住在里面。带着一贯的自豪，在态度上，在言谈中，在所有举止礼节，都展现扮演出这种老式大贵族的气质。好吧！他们费了这么多功夫，去保留传统，造出这些古旧用品，最后到底产生了什么？他们造就了一个严肃的贵族，不断地有着很多想法，实际上，少有成果，少有政治手段，没有一点符合大英帝国所处的并会一直存在下去的那种大环境。请问，有着莎士比亚和培根的英国在哪里？有产者（经过伪装的，被封为贵族的，我觉得无所谓）从克伦威尔时期开始就占主导地位；力量、财富有着不可估计的增长；文化平均数增长了，而同时，我不知道在有教养人群中建立起来的是怎样的糟糕的平等，人与人，物与物的普遍相似。你们费力地区分他们的优美文字中的一个字母和另一个字母，而不是去区分他们所居住的城市中的一套住房和另一套住房，也不是去区分英国人民中的一个人和另一个人。

为了回到正题，我乐于相信在将来，强大的创造精神是属于不会陷入混杂平均值中的人。在那里，所有天生性格都会变得激动。还有一群强大的人，他们不愿往上走，他们生在人民之中，只愿留在人民中间。自如而即时地提高社会地位；不过对他们来说，想要进入有产者阶层，改变身份和习俗，并不合乎其愿望；他们感觉所获不多。强大的活力，广泛的群众本能，精神的勇气，这一切都更好地保存在劳动者身上，当他们没有被工作累垮，当他们生活不那么艰难，有一些闲暇消遣时。

眼下，关于不愿往上爬的人，我看到两个例子，有很多看法。一个是手工工场工人，聪明，能沉思，总是拒绝成为工头，惧怕责任，担心责备，与工场主沟通困难，更愿意安安静静地干活，除了跟自己的思想一起。其令人赞赏的内在安静，曾让人想起我曾说过的信仰狂热的工人的安静，现在已经没有了，如果他接受这新的观点的话。

另一个是鞋匠的儿子，他们接受过经典教育，学习法律，成为律师，服从家庭需要，不可低声埋怨，接管父亲的事业，显现出一种强烈的感情，能不加区别地上升或下降。他的屈从有了回报。他从不追寻荣耀，荣耀保存在儿子身上，他的儿子，具有独特的天赋，在所从事的职业中能获得艺术感，不久，他就成为了那个时期最有名的大画家之一。

生活条件、社会状态、职业行当、风俗习惯都持续变化着，阻碍着内部的改善；变化带来了庸俗自负，没有产出。在一个乐器中，借口改善琴弦的人，改变了乐器的价值，让琴弦相互靠拢，达到中间值，实际上，他把琴弦废弃掉了，使乐器变得无用，无法奏出和声。

依然做自己，这是强大的力量，独创性的机会。如果命运发生改变，那很好；本性得以保留。人民在抑制本能之前，应该考虑到这些，以便紧跟卓越的有产者精神。如果忠实于他的行业，而后换了，比如雅卡尔，如果把一种行业做成艺术，像贝尔纳·帕利西，在这个阶层中，他拥有哪种荣誉更大？

第四章

头脑简单的人
——儿童，人民的代言人

要想了解人民本能的最高天赋，不应太关注混合思想、杂交思想、半文明思想，这些思想构成了资产阶级的优缺点。头脑简单的人才是寻找和研究的对象。

头脑简单的人通常很少造成思想分歧，没装配上能分析能抽象的机器，看到每一件东西都是一个，整体的，具体的，就像生活所呈现的。

头脑简单的人构成一大群人。有天生头脑简单的人，有后天头脑简单的人。睿智的穷人从来不去辨别，儿童还不会辨别，农民、底层人民也都没有辨别的习惯。

思想烦琐的人、批评家、分析家、断言家、

辨别家，从高处望着头脑简单的人。然而他们有优势，不会有分歧，看事物通常是在事物自然的有机鲜活状态下。很少借助思考，他们有着丰富的本能。灵感在这些阶层并不鲜见，甚至有时候成了一种预言。人们在他们中间发现了一些与众不同的人，这些人在乏味的生活中，这是最高级的精神诗篇，依然保持着心灵的单纯。没有什么比保留着这种儿童神妙天赋更难得的了；通常这意味着一种特别的恩泽，一种圣洁。

应该有这种恩泽，只是为了能谈论它。科学一点都不排斥单纯，这是事实；不过科学也不产生单纯。意愿能产生的影响极小。

图卢兹的大法学家，在事业最困难时期，停下来，请读者为他指明一个方向，用一种巧妙的方式。我们是多么需要啊，我，还有你们，正在读我书的朋友们！我们是多么需要获得灵敏的天赋，还有相反的，单纯，一颗童心！

只需要智者满足地说："让孩子们来吧。"他们需要来适应孩子们。在这些儿童中间，有很多值得他们学习的东西。他们最好要做的是，推迟他们的学习，紧紧拿住他们的书，这些书平时对他们的用处很小，老老实实地去做，在母亲和奶妈之间，不再学，全忘掉。

忘掉？不，确切地说，是改良智慧，用那些更接近上帝的人的本能去控制智慧，通过将智慧放在这小小的标准里来校正，思量着三个阶层的知识只能容纳在一个发源地。

为了只谈论我们所关心的话题，没有谁能深入了解，如果没能仔细观察儿童的话。我在说什么？儿童就是人民本身，在天生的诚实中，在诚实被歪曲变坏之前，人民没有庸俗，没有粗鲁，没有嫉妒，既没产生怀疑，也没有反感，儿童不光是解释，还要评判，然后在很多事情上宣判无罪；这种言论若出自一个粗俗人之口，你们会认为很粗俗，若出自你们的孩子之口，你们会觉得是（的确）很天真很幼稚的，你们还要学会抵抗不公正的成见。儿童跟人民一样，令人高兴地对暗语、程式、固定语一无所知，这些可以免于虚构想象，然后通过他的例子，人民是如何被迫不停地寻找其语言然后找到；不管儿童还是人民都有着出众的精力去经常发现。

还是通过儿童，你们欣赏人民，人民纵使一切都变了，还保留着未成熟和未开化状态。你们的儿子，像布列塔尼和比利牛斯山区的农民，每时每刻都说着《圣经》用语和《伊利亚特》*。最大胆的评论，维科**，沃尔夫***，尼布尔，都比不上儿童用的几句话，这几句话就能为你们在古代的夜晚发出明晰深刻的亮光。多少次，他把抽象的观点看成历史的叙事的形式，并观察这种形式，你们会感到幼稚的人民可能在讲述他们铭文上的信条，对每个道德真理都要讲一个故事！……在这里，啊，智者们，我们要保持缄默……围绕在这个古时候的年轻大师周围，倾听他的话语；他完全不需要我们去学习深入了解他所说的话；他就像一个活跃的见证人；“他曾经在那里，他更清楚发生的事”。

在他身上，就像在年轻人民那里一样，一切都在被抑制，限

---

* 古希腊文学作品，荷马所作。——译者注

** 18世纪意大利著名的语言学家、法学家、历史学家和美学家。——译者注

*** 德国著名的哲学心理学家、数学家。——译者注

制在一种固结而活跃的状态。我们只需看着他，以感受到这种特别抽象的状态，我们如今刚达到的这种状态。很多无用的抽象概念和这种研究无关。尤其是我们法国的儿童，反应敏捷，能说会道，有着过于早熟的常识，不断让我们重返现实。这些头脑简单的评论家不会让智者尴尬。他们幼稚的问题对智者而言就像是事物解不开的症结。他们跟我们一样，没有学会绕过困难，避免这样的问题，像是约定好了一样，在智者之间，从不深入。他们大胆的小小的推理方式总是在法国面前走直线。没有什么神圣的荒谬能长久停留在这世界上，如果人们不让儿童有反对意见闭嘴。特别是4到12岁，是爱推理的年龄；从哺乳期到性征的出现，他们更轻浮，少了些物欲，思想比后来更活跃。一位杰出的语法学家告诉我，在这个年龄段，他发现了他们精妙的抽象概括的能力。

他们无限期地纠缠于快速变文雅，快速地从本能生活过渡到了思考生活。直到这里，他们都是生活在本能的广阔天地里，他们在牛奶的海洋里游泳。当从这片黑暗而多产的海中，逻辑开始抽出一些发光的网，似乎有进展。必须取得进步是生活的一个条件；不过，这种只有一个方面的进步依然是失败的。儿童变成成人，一个小神。

婴幼儿时期和死亡，是无限照耀着人的时期，恩泽，你们把这个词用在艺术和神学上吧。生命开始于幼儿的多变的恩泽也好，结束在垂死者的严肃庄重的恩泽下也好，总是神的恩泽。没有什么比这句《圣经》中的名言更好体会了 ：“你就是上帝，你将是上帝。”

阿佩莱斯*和柯勒乔**不断在研究这些神的时期。柯勒乔长年累月地观察幼儿玩耍。而阿佩莱斯，据一位老者说，他只喜欢画那些垂死者。

在降临的日子，离开的日子，以及在这生死世界中间的日子，人好像抑制了一切①。他投身于本能生活，而这种生活像是思想的黎明和黄昏，或许比思想更模糊，它广泛庞大得多！推理和思考的生活带来的中间工作就如同一条直线，它从模糊的无限出发，然后回到无限。如果你们想有更佳的体会，那就仔细研究儿童和垂死者。在床边陪着他们，观察他们，保持安静。

不巧的是，我经历过太多次，注视着死亡的步骤——在亲人身上。我还记得在一个冬天里的漫长的一天，我走到一位垂死者的床边，旁边还有一本《以赛亚书》***。这情景，令人十分难受，在醒与睡之间挣扎，灵魂费力地做梦，稍稍升起，又重重落下……放空的眼睛，表达着真实的痛苦和对生死两世界的犹豫不定。模糊而广阔的思想伴随着流逝的生活，这种思想随着大量的预感变得崇高而伟大……这大型斗争的见证者也一起感受到了涨潮、退潮，所有的焦虑，胸口感觉紧紧的，好像在一次海难中，带着坚定的信仰，一个灵魂，一切回归到原初的本能，早已预知在这个陌生世界的海难中，不能通过那里前往灭绝。

---

* 古希腊著名画家。——译者注

** 意大利文艺复兴时期画家。——译者注

① 命中注定之谜的可怕，在人们知道这句话的时候，印章闭上嘴巴，这一切一旦被领会，在一部卓越的作品中，这作品是我在拉雪兹神甫公墓的一个封闭处发现的，在犹太人公墓那里。普瑞欧的半身像，准确地说就一个头像，被裹尸布包得紧紧的，手指按在嘴唇上。非常棒的作品，作品的中心几乎撑着盖印，好像被巨大的死亡凿刀凿过一样。

*** 《圣经》的第23卷书，是上帝默示由以赛亚执笔，大约在公元前723年之后完成。——译者注

所有这一切让人猜想她从这双重本能去赋予某种新生的存在，完满地重新开始一生的事业，把缺少的声音赋予灵魂的梦想、已出发的思想和无声的意志[①]。

在观察儿童和垂死者的时候，我被一种东西深深打动，天然状态印在他们身上的完美的高贵。人出生高贵，死亡也高贵；要用一生的工作来变得粗鲁卑鄙，制造不平等。

你们看到这孩子，他母亲跪在地上，起名耶稣……社会还有教育令他变化很快。他身上把他神话的无限，渐渐消散；他表现出自己的特点，真的，变得明确，变得狭隘……逻辑、评论，无情地切削雕塑着在一个他看起来像大石块一样的东西里；严厉的雕塑家的刨刀在非常软的材料上打磨着，每一下打磨都打到全部的面……啊！本来就瘦，而且残废！天然的高贵程度现在到了什么地方？……最糟糕的是，在如此艰苦严酷的学习影响下，他不会只是成绩差和贫乏，还会变得粗俗。

当我们还在为我们的童年惋惜时，觉得生活不该只是如此，我们曾有过那么多时间，我们所惋惜的是我们的高贵。实际上我们曾有过人的朴素的尊严，此时的人，还没有屈服，人人平等；所有人都年轻、漂亮、自由……让我们耐心等待，会回来的；不平等只是针对生活；平等，自由，高贵，都会随着死亡回到我们这。

---

① 祖父祖母接纳孩子，当他是母亲亲生的…… “啊，我的灵魂，你就这样被缰绳勒住，再一次在一个身体中睡着。”（印度法律，引自我的《法律的起源》）不接受灵魂传递的假设（更不接受罪孽传递的假设），人们很努力地想去相信我们的第一本能是祖先的思想，这些思想被年轻的旅行者带着当作旅行的干粮储备。他加了很多在里面。如果我把这些理论排除在外，如果我合上书为了留意天性，我看到思想在我们身上产生，像模糊的本能，在半明半暗中显露出来，发出光亮，在思考的光芒中分裂开来；然后，被表达出，像公式一样越来越被接受，成为我们的习惯，进入适合于我们的事物，我们不再端详，于是，重新变模糊，成为我们本能的一部分。

唉！对大部分儿童来说，这一时刻回得太快。人们只想看童年时生活中最初的尝试，一种生活的准备工作，大部分都回不来了。人们希望他们的幸福来得“晚一些”，另外，为了保证这不确定的几年的幸福，人们让他们确定的小小机会变得厌烦和痛苦……①

不，儿童期不仅仅是一个人生时期，一个生活阶段，还是一种人民，单纯天真的人民……这人类之花，通常不需要太多东西就能生存，跟随自然，在自然中间，它不久就会掉下……而人们想征服的就是它身上的自然。人，对其自身来说，远离了中世纪的野蛮，却在儿童身上保留下来，从无人性的原则出发，我们的本性是恶，教育不是好的节约，是人的技艺和智慧可以改良和责罚的改革，上帝赐给我们的本能。

---

① 我不再讲工作的重负，不再讲数不完的过度处罚，我们做出的处罚有很大的灵活性，这种灵活性是天性使然，荒谬的严酷让我们一下子陷入冷静的沉思，毫无防备，一个年轻的人，刚刚脱离母亲的血和奶水，还是微温的，只求像花一样开放。

第五章

续前章——儿童的自然本能是恶吗？[①]

人的本性是提前就变坏了吗？人是从出生就很凶恶吗？在我怀抱中的孩子，离开他母亲的乳房，会是入地狱的人吗？

在这个残酷的问题面前，令人为难，只是在写它时，在中世纪，没有怜悯，没有犹豫，回答道：是！

什么？这个看似没有脾气，天真无邪的小家伙，整个大自然都期待着他，在没有母亲的时候，连母狼母狮都想来喂他，小家伙只有恶的本能，恶的本能的气息毁了亚当？他会归恶魔

① 这一章，不专心的人会觉得主题很陌生，实际上这一章才是实质。参看第二部分第九章。

所有，如果人们不赶快用符咒、祈祷或仪式驱魔的话？即便是后来，如果小家伙死在奶妈的怀中，被审判，冒入地狱之罪，扔进地狱兽群中！“别放进兽群，”教会说道，“灵魂会证实给你看！”教会如何来证明呢？它还不太明白，也不会说。

在1843年8月，我参观了几座卢塞恩附近的公墓，在那里，我发现了一个有关宗教恐怖的非常天真悲痛的表达。在每个陵墓下方，都有个圣水缸，根据古老的习俗，它能昼夜保护逝者，阻止地狱兽吞食逝者的肉体，令逝者不快，带逝者溜达，把逝者做成吸血鬼。至于灵魂，唉！没有任何办法能保护得了；这痛苦的恐惧已在很多碑文上得以承认。我在下面这碑文前驻足良久，半天不能挪步离去：“我今年两岁……这对这么小的孩子是多么可怕的事情，让他去接受审判，在上帝面前到庭！”顿时，我泪如雨下，仿佛看到了母亲失望的深渊！

我们大城市中的贫民区，这一大片区域死亡率高，出生率高，妇女生活悲惨，边生边哭，让我们有了一些看法，但非常不全面，像是中世纪的母亲，不停地哀悼。中世纪的母亲，不停地生孩子，野蛮而轻率，生产，没有停顿，没有休止，在泪水中，在忧伤中，孩子，逝者，入地狱的人！……

可怕的时期！残酷的幻象世界，好像被地狱式的讽刺笼罩着！人是其变幻的梦想的玩偶，上帝的，恶魔的！女人，男人的玩偶，总是作为母亲，总是在戴孝！儿童在玩耍，唉！一天，在生活的凄惨游戏中，微笑，流泪，消逝……不幸的小幽灵，一百万，十亿地来，只能维持在一位母亲的记忆里……母亲的绝望特别体现在一件事情上；她很容易陷于罪孽和入地狱之罪；对面男人的粗暴言行，她自然要报仇，她骗他，她流眼泪，她笑[①]……她不知所措；这又有什么关系？如果她能和孩子重聚的话。

存活下来的孩子几乎不再幸福。中世纪对他们来说是可怕的学究；向他们提出最复杂的符号，这些符号以前从来没有教过，最难简化。罗马帝国在它最睿智的时期，听懂这精妙的一课都很困难，得要蛮族的孩子，农村农奴的儿子，迷失在森林，牢记并弄懂。他记下来，不断重复。为了能弄懂这棘手的、空洞的、烦琐的程式，戒尺、拳头、鞭子从未从他身上离开。

教会，因为选举原则，十分民主，因为教学的难度，贵族气十足，因此极少有人能达到。它把自然天性视作提前的恶和腐烂变质，应把这种天性罚入地狱，从知识、形而上，非常抽象的一种方式，做出拯救的条件[②]。

亚洲所有宗教的奥义，所有西方学派的精妙，用一句话概括，世界包含东方和西方间的各种异议和争执纠纷，被挤在、堆积在同一个程式中！“是啊！对，教会对我们说，全世界在一个非常大的酒杯中。你们以爱的名义，喝了它！”为了证明教义，它将历史、感人的传奇故事带到这里；这是罐子旁边的蜂蜜……

“不管里面是什么，我都喝，如果爱真的在其深处。”这是人

---

① 女人的不忠是中世纪里的特有话题。其他年代很少有人了解。这玩笑构成的永恒作品，这欢乐的故事，只会让知道它们懂得它们的人伤心。这些故事让人们过多感受了这时代的不可思议的烦扰，还有空虚的灵魂，后者没有得到适合他们的懦弱的精神食粮，还有精神上的衰竭，对善的绝望，自我放弃，放弃拯救。

② 如果人们回答说没有文化的人（在那个年代，这就是指所有人，或者说几乎全部的人）可以不用明白，要承认一个如此可怕的谜强令全盘放弃人类智慧，在入地狱之罪的惩罚下，在某几个信仰词语的知识的博学之人那里。你们也看看这结果。谜语一旦抛出，一旦被其注释围绕，不再那么晦涩，人类开始闭上嘴，他们面对面保持缄默，显出贫乏。在一个无限的周期，跟所有古代的光辉时代一样长，从5世纪到11世纪，他们勉勉强强尝试过几次祈祷，几次儿童历史故事，这一演变后因卡洛林王朝的宗教评议会的明确保卫而中止。

类的回答。这里就是真的异议，反对，都是爱造成的，而不是人类的恨和傲慢，就像人们经常说的那样。

中世纪允许爱，而不是给予爱。当时说："去爱啊！去爱啊[①]！"并批准了一个充满仇恨的世俗的修会，法律层面、国家层面、家庭层面的不平等。过于精巧的教育，极少有人能接受得到，这就导致一种新的不平等。把拯救灵魂定在一个普通人几乎达不到的代价，以深奥难懂的知识为代价，从世上所有的空想，将重负加在头脑简单的人和儿童身上。

需要几个世纪来让理性重见天日，让儿童重新显露出他本来的面貌，一个天真无邪的人。人们很难相信人的恶是遗传来的[②]。想在粗俗野蛮中保持原则是非常困难的，这原则能将非基督教徒贤哲、头脑简单且无知的人和未经过洗礼而夭折的儿童罚入地狱，为孩子人们发明了炼狱这种治标办法，一个更和缓的小地狱，他们在那里漂浮着，远离他们的母亲，流着眼泪。

药还不够量；心灵没有得到满足。随着文艺复兴的出现，反

---

① 他不仅仅说了，他还诚恳地请求过。这种感人的对爱的向往产生了中世纪的天性，确保了这种天性带上了永恒的同情。对于我在《法国史》第二册中讲过的话，这里我一个词都没删。可是，我把他的冲劲、他的理想加了进去；今天，在一本对实践非常有帮助的书中，我只能给出现实和成效。我曾经提到过（同样是在《法国史》第二册，1833年印刷）这个体系的无力，任由希望破灭，最终实现自我转化。他离我们已经这么远了啊，人民在1844年5月11日见过他，当一个法官在法庭时，诚恳而勇敢的正统派，推断出原罪和堕落的刑法理论；天主教徒也从此倒退。

② 神学的麻烦主要来自判例的进步。当判例严格支持着亵渎君主罪的相关法律，通过充公，等，扩大了对继承人的刑法，神学能捍卫其神授的亵渎君主罪的法律，这个法律能因父亲的罪而把孩子罚入地狱。然而当法律变得宽大时，它就越来越难在神学中保持下去，神学是一个爱和宽恕的世界，这犯罪继承的可怕教义，抛弃人类公正。神学院修士，圣·波拿文图拉，依诺森三世，圣·托马斯，找不到其他减轻的方法，只能豁免永恒之火的孩子们，让他们留在入地狱之罪中。博叙埃非常确定（和斯封德拉塔相反）这个教义对冉森教徒并无特别之处，就像人们假装相信这个教义，这个甚至是整个天主教会的教义，教会圣师的教义（除了格雷古瓦·德·纳兹安泽），宗教评议会的教义，教皇的教义；事实上，如果人们豁免孩子们的入地狱之罪，人们也就放弃了原罪和犯罪继承，这可是所有体系的基础。

对严酷的旧教义和爱的反响。它来了，以正义之名，拯救天真无邪之人，这些人在自称爱和恩泽的体制下被定罪。不过，这种体制，完全建立在两种观念之上，一个是所有人的入地狱之罪由一人承担，所有人的拯救灵魂也由一人承担，不可能放弃第一个观念而不动摇第二个观念。

母亲们又重新开始相信对孩子们的灵魂拯救。从此以后，她们嘴上总在说，却不去了解一下她们是否是正统派教徒："他们应该是天上的天使，就像他们生前的样子。"

心灵胜利了，仁慈胜利了。人类远离了古老的不公正。人类逆旧世界而行……要去哪儿？去一个不给单纯天真判刑的世界（我们能预见到），在那里，智慧能真正说出："你们天真无邪的人和孩子们来我这吧。"

第六章

离题的话/动物的本能/为它们抗议

不管我有多匆忙，在对这个头脑简单的人、本能的谦卑后代的细致观察中，我的心叫住我，要我说出一个特别是头脑简单的人说的句子，还有更天真无邪的人，可能更不幸的人说的句子，我想说说动物。

我刚才发现所有孩子出生时都是高贵的。博物学家也注意到了在动物幼崽同样的情况，在出生时更聪明，似乎与儿童近似。随着他慢慢长大，变得野蛮残忍，变成兽性的人。似乎他可怜的灵魂被身体的重量压垮，接受自然的诱惑力、伟大瑟西的魔力。人转过头去，不想再看到一个灵魂。儿童独自地，借助心的本能，依然能感觉到有一个人在被轻视的生命中；儿童对他说话，向他提问。他呢，认真听着，因为他爱着儿童。

动物！阴沉的秘密！……梦想和无声的痛苦的广阔天地……非常明显的征象表明着这痛苦，当还没有语言的时候。整个本性对人类的野蛮提出抗议，他们接受他们的下层的兄弟，还使他们堕落，折磨他们；本性控诉野蛮，在创立他们两者的人面前！

不带成见地看看他们的温和的迷惘的神情吧，他们中间最先进的感到对人的诱惑力；不觉得一个坏仙女就能阻止儿童的发展，让儿童不能弄清楚婴儿时期做的第一个梦，可能是受罚受辱的灵魂，遭受着一时的厄运？非完整态的被俘者中了可怕的魔法，依赖所有关心照顾他的人，就像一个睡着的人……可是，正因为他就像睡着了一样，作为回报，他有通往一条梦幻世界的路，对此我们没有任何概念。我们看到世界的光亮面，他看到的是阴暗面；可谁知道这阴暗面不是在这两面中占大部分[①]？

东方世界是对此看法深信不疑的，认为动物是种睡着的或者说中了魔法的生灵；中世纪曾经回到过这里。宗教和制度都不足以平息这种本能的声音。

印度，比我们更接近创世，也就更好地保留了普天博爱的传统。在两本神圣诗集的开始和结束，《罗摩衍那》和《摩诃婆罗

① “今天，如果我们愿意的话，让我们做高尚的人，万物之灵。可我们不要忘了，我们的教育是受自然规则影响的。植物和动物是我们的第一导师。我们所统治的这些生命也引导着我们，比我们做得更好。它们通过更可靠的本性引导我们未成熟的理性；它们这些小东西曾向我们给出建议，而现在我们却轻视它们。我们借此凝视这些无可指责的上帝的孩子。在沉默的生命中，它们显得那样安静而纯洁，保留着高处的秘密。大树时刻看着，小鸟飞过每个地方，它们难道没有让我们学会什么？老鹰在阳光下就看不到了？猫头鹰在黑暗中就看不到了？这些勤劳的壮牛，在阴暗的橡树下数量众多，橡树在牛群的长期幻象中就没有一点思考？”《法律的起源》，第69页。

多》都写下了这种博爱，在如巨型金字塔般的名著面前，我们西方所有的小作品都该保持谦卑，显示尊重。当你们对好争论的西方感到厌倦时，我恳请你们，互相给予，回到母亲身边的痛苦，回到庄严的古代的痛苦，如此高贵，如此感人。爱、谦卑、伟大，你们会看到它们汇合于此，以一种非常简单的感情，对自豪的苦难漠不关心的感情，你们会发现人们从来不需要谈论谦卑。

天性补偿给印度温和和仁慈；在印度，天性是怜悯的馈赠。第一位印度诗人看到两只白鸽飞来飞去，就在他欣赏着它们的优雅、它们的爱意追逐时，其中一只突然被箭射中，掉落下来……他哭了，鸽子发出有节奏的咕咕声，他没有想起，心怦怦跳，有节奏地动着，一首诗就这样产生了……从此以后，一对一对地，鸣声悦耳的白鸽，缚在人的歌声里，喜欢大地，在大地上飞翔。（《罗摩衍那》）

感谢的天性赋予印度另一项奇妙的馈赠是繁殖力。围绕在天性身上的温柔和尊重，有动物的帮助，天性让印度的生产资料快速增长，地区面貌焕然一新。那里从来没有枯竭。无论多少次战争，多少次灾难，多少次被奴役都没有吸干圣牛的乳汁。一条牛奶河总是流淌在这片被降福的土地上……被自己的善良仁慈降福，被对下层民众的温和谨慎降福。

这感人的联合首先把人和上帝最谦卑的孩子连在一起，而傲慢又把这联合拆散……但并不能免遭恶果，大地开始反抗，拒绝养育无人性的民族。

傲慢的世界，希腊和罗马城邦蔑视天性；只关注艺术，只评价自己。这自负的古代，什么都不想，只想高贵，成功地将剩下的一切都消除掉了。只要是他们觉得低劣的，难看的，都从眼前消失；动物大量死亡，奴隶也大批死去。罗马帝国，被这个清除，被那个清除，进入空虚的雄伟崇高。土地，耗费着大量金钱，难以恢复，被众多纪念性建筑物覆盖，变成一个大理石花园。还有不少城市，但更多的是乡村；好多竞技场，好多凯旋门，更多的茅屋，更多的耕地者。风景优美的道路等待旅行者的到来，可惜他们再也不会来了；豪华的引水渠将河流引到寂静的城邦，再也看不到喝水解渴的人了。

在这种毁坏荒芜之前，唯一的一个人，在他心中找到一个抗议，一个抱怨，抗议所有消逝的东西。这唯一的人，看到非宗教战争的破坏，人和动物同时死亡，痛苦地怜悯着使古老意大利变得肥沃的耕地老牛。他向这些消失的物种献上神的歌声①。

温柔而深刻的维吉尔*！……我，我是他养育的，就像在他的膝盖上，我很高兴这种无与伦比的光荣又回到他身上，怜悯的光荣，心地善良的光荣……这曼托瓦的农民，纯洁的羞怯，质朴的长发，然而，他并不知道，真正的大祭司和占卜官，在两个世界，在两个时期，在历史半路上。印度人对天性的温柔，基督教徒对人的爱，这个头脑简单的人，在他广阔的心中，恢复一座漂亮的全民城邦，不排除任何生命体，而每个人只能让自己的家庭

---

① 在另一首歌中，可能是最完美的一首，他把这一首献给他最珍贵的朋友，献给执政官，献给诗人伽卢斯（古罗马政治家、演说家与诗人。——译者注），他不担心给他作为兄弟和安慰者最低微的自然之子，天真无邪的动物们。为了减轻因爱生病的诗人的创伤，带来乡间所有的神之后：“母羊依然围绕着他（然后，因为一次激烈的活动，害怕伤到伽卢斯的自尊）：它们不讨厌我们，你也不要讨厌它们，神圣的诗人。”（原文此处为拉丁文*Nostri nec paenitet illas, nec te poeniteat pecoris, divine poeta*。——译者注）

* 古罗马诗人。——译者注

成员或亲友伙伴进入。

尽管基督教也信奉温和仁慈，却不能恢复以前的联合。它反天性，带有犹太教的偏见；犹太，认识自己，担心过分爱人的这个姐妹；她逃避这个姐妹，诅咒她。基督教，坚守这些敬畏，保持动物的天性离人的距离无限远，并不断抑制。作为象征性的动物陪伴福音主义者，有关小绵羊和白鸽的平淡的寓言解释学说，并不能使兽性更突出。新的降福没有到他身上；灵魂拯救不会来到最小的、最谦卑的生灵身上。对人来说，作为人的上帝已经死了，对他们来说则没有。没有获得灵魂拯救的一点份儿，他们依然排除在基督教律法之外，跟异教徒一样，像不洁者，经常被怀疑和坏的根源勾结串通。基督，在《新约全书》中，他没有允许恶魔控制肮脏的人吗？

人们从来都不知道恐怖的东西在哪里，经过好几个世纪，曾存在于中世纪，总在有恶魔在场的时候！有关看不见的恶的幻象，噩梦，荒谬的折磨！由此，一种奇怪的生活令人发笑，时时刻刻，如果人们只感受到它的悲伤落泪……谁还在怀疑魔鬼？我知道了，查理曼大帝说。我知道了，格雷古瓦七世说。教区主教有绝对权威，修道士用一生做祷告，宣布他在那儿，在他们后面，他们感受到了他的存在，他不能离开那里……可怜的乡村农奴看到的他是野兽的样子，在教堂门廊的雕塑中，害怕在回到家的时候，在他们的牲畜中认出他来。这些牲畜一到晚上，在壁炉变幻的反光下，呈现出神奇荒诞的一面：公牛有一个奇怪的表情，山羊有着暧昧的表情；还有猫，当人们触碰它的毛时，毛会在夜里发出火光，你怎么看？

是儿童让大人打消疑虑。儿童几乎不怕动物，把它们当作好伙伴。他们给牛喂树叶，骑山羊，大胆逗弄黑猫。他们做得更好，他们模仿动物，模仿它们的叫声……家长笑了："为什么要害怕它们？我错了。这是一个基督教的房子，有圣水，有圣枝；动物不敢靠近……我的动物是上帝的动物，是天真无邪者的动物，是儿童的动物……同时，农场的动物们看上去都非常了解上帝；他们就像一群隐士般生活。比如这头漂亮的雄鹿，它头上有个十字，它走起来就像一块活生生的木头，穿过森林，它自己就像一个奇迹。母鹿很温柔，像一只奶牛，有着小一号的角；母鹿，在孩子妈不在的时候，能喂养我的孩子……"说完这最后一个词，就像一切在历史形态下，终于，经过发展，产生了中世纪最美的传奇，《布拉班特的杰妮维瓦》*：被男人压制的家庭，被动物收留，天真纯洁的女人被森林里的无害的动物所救，灵魂拯救来自最小的人，最谦卑的人。

动物们，恢复了地位，获得农村家庭里的地位，位列喜欢他们的儿童之后，就像地位低微的父母出现在一个庄严的房子里的桌子的底端。它们就像在光天化日之下被对待，分享快乐，分享忧伤，穿着丧服或者结婚礼服（就在不久以前的布列塔尼地区还存在着）。它们不说什么，没错，但它们非常驯服，它们会耐心地听人说话；而人呢，就像教堂里的神甫，以上帝的名义布道[1]。

人的天赋，比神圣的诡辩术更朴素更透彻，畏畏缩缩地恢复天性的地位，不过非常有效率。这并非徒劳。人总算获得了回报；

---

* 雅克·奥芬巴赫的歌剧。——译者注

① 参看对逃亡的蜜蜂的微不足道的说教，在我的《法律的起源》中。

这些可怜的人，什么都没有，还得交出财富。动物，当它们被爱的时候，开始维持，开始繁育……土地重回多产，世界呢，好像结束了，开始变得富有和强大，因为它收到了怜悯仁慈的降福，像露水一样。

一旦家庭是这样构成的，重要的是要做，如果我们可以的话，进教堂。这里存在巨大的异议！人们很想接受动物，可要扔进圣水，某种程度给它祛除恶魔，而且只能在教堂前的广场……“头脑简单的人，把动物留在这里，独自进去。教堂的入口，是你在门上看到的一种评判；戒律在门槛上，圣米歇尔直立着，手拿佩剑和天平……如何来审判，拯救你带来的那个动物或将它罚入地狱？动物，也有灵魂吗？这动物的灵魂，能起什么作用？我们开始接受他们炼狱，像小孩子的灵魂一样？”

无论如何，我们人类非常固执；他满含敬意地倾听，却只关心听懂与否。他不愿意只自己获救而没有他的家人朋友。为什么他的牛和他的驴子不拯救自己的灵魂，和圣保林的猫一起？他们付出一样多。

“好吧！我会精明能干，他对他自己说，我利用圣诞节，那时教堂就在家庭里，那天上帝也变得渺小到无法公正……公正与否，我们在超越所有人，我、我的妻子、我的孩子、我的驴子……对，还有它！它曾经在伯利恒*，它带着我们的上帝。作为回报，应该让可怜的动物有它自己的日子……另外，它也不是非常肯定它就是它显露出的样子；它，实际上，非常调皮，非常懒

* 耶稣的出生地。——译者注

惰；完全和我一样；如果我没有被硬拉着，我就不工作。”

这是一出大戏，滑稽且感人，尽管有主教和教谕辩护，当人民的动物被带到教堂。天性被判有罪，罚入地狱，大胜而归，扮成最谦卑的样子，能让人宽恕。她和信奉异教的圣徒一起回来，进入西比尔和维吉尔[①]……人们将双刃剑呈现给动物，这双刃剑曾经在巴兰使动物停下；这旧法律的双刃剑，已经变钝，已经不能让它害怕了；法律在这天结束，让位于特赦。谦卑而肯定地，他径直走向马槽。他在那里听着祭礼，就像经过洗礼的基督教徒，虔敬地跪着。人们对他唱歌，对他来说，一半是教堂语言，一半是高卢语，为了让他明白，赞美圣母歌，滑稽可笑又雄伟壮丽：

跪下！说“阿门”！

吃足干草。

阿门！再说一遍。

让旧事物去吧，走吧！

动物很少利用这种恢复[②]。主教会议向它关闭了教堂。贤哲们，因为傲慢和冷酷，继续做神学家，裁决它没有灵魂[③]。它在这个世界受苦，那又有什么关系？在这样的上层生活里，它不该期待任何补偿……这样，也就没有一点跟上帝有关的东西给它；人的温柔父亲对动物来说就是凶残的暴君！……制造玩偶，有感

---

① 长期存放在鲁昂。杜康热，第五卷《宴会》。

② 人民的天性更多是为了受他们保护的人。没有停留在对教会的抵制上，它为动物带来了一个合法的地位，把它们当成人，让它们参与诉讼，直到参与最重要的法令，刑事审判；他如同证人般出现，有时候又像罪犯。没有人质疑这种赋予给动物的重要性是否对其保存，持续做出过重要贡献，继而，带来土地多产性，而通常这种多产性被认为是跟人的管理有关。这可能是中世纪总是在如此多的可怕破坏中重新恢复过来的真正的原因。

③ 耶稣会的会士布冉对动物可能有灵魂的说法提出异议，觉得他们是魔鬼。

知的，制造机器，受苦的，自动木偶，都不像高级创造物借助忍受痛苦的能力！……你们，冷酷的人，觉得土地越来越沉重，能有这样一个亵渎宗教的想法，给无辜的痛苦的生命带来这样的判决！

我们的世纪有着巨大的光荣。在此碰到一个有着人心的贤哲[①]。他喜欢儿童，喜欢动物。儿童，在他出生前，兴趣的产生像一个生命的毛坯，一个草图；儿童，儿童也喜欢他，他耐心地跟着他，在他默默无闻的生活中，他使动物变态的真实再现感到惊讶，在它的变化中。这样，在女人的怀中，在真正的天性庇护所，普天博爱的秘密被发现了……交由上帝安排！

这是底层生命真正地重受尊重。动物，农奴的农奴，重新成为万物之灵的亲戚。

带着温柔的感情，希望人重新开始进行动物教育这项大工程，曾经把地球交给人类[②]，放弃了差不多两千年，土地的大损失。人民认识到其繁荣昌盛取决于他们对下层穷苦人民的态度。但愿知识只记得动物，以一种和天性更密切的关系，作为古代的预言者和代言人。在头脑简单的人的简单本能中，它找到了上帝的声音。

---

① 由他的朋友和他的儿子光荣地继续着，赛尔女士和伊西多尔·若弗鲁瓦·圣－希莱尔。我非常幸福地看着一个充满美好未来的青春走上这条科学的道路，也是生命之路。

② 我们的机器时代，希望到处都是机器，可能发觉，好像如果人们希望动物不再是什么，那肯定是所有东西中最重要的那些，除了产生如此多的正能量，还有另一个无尽的力量，被人们低估，是从（如果人们不愿说是从灵魂中）生命活力中产生的。看来，人们得重新开始动物研究和驯养的工作了。参看伊西多尔·若弗鲁瓦·圣－希莱尔精彩的《驯养》，在勒鲁和雷诺女士的《新百科全书》中。

第七章

头脑简单的人的本能/天赋的本能——天才是典型的头脑简单的人、儿童、人民

在教会圣师的生活中，我获悉他死后，重回他的修道院，他不是把显圣赐给他最早的兄弟，而是给最后的头脑最简单的不那么睿智的人。后者带着恩典，三天后也去世了。在他脸上，带着天堂般的快乐表情。“人们可以，”传奇收集者说，“小孩子，从妈妈的微笑中认出妈妈！”

……………………………………………

这是了不起的举动，大部分有天赋的人对儿童和头脑简单的人有种特殊的偏爱。儿童和头脑简单的人，普遍会在众人面前显得腼腆，在风趣的人面前默不作声，在面对天赋的时候，表现出一种完整的安全感。这种力量能强加给所有人，相

反，能让每个人都安心。他们感觉他们在那里找不到任何嘲笑，只有和蔼亲切、支持鼓励。他们就这样真的处于自然状态，他们的语言之结被解开了，人们发现这些被我们称为头脑简单的人，因为他们不知道暗语，通常只是更具独创性，尤其是非常富有想象力，天生有种特别的本能，能抓住间隔遥远的关系。

他们常常使靠拢，使连接，而很少去划分，去分析。不光是所有划分都耗费他们的精力，另外，划分令他们痛苦，像是一种分割。他们不喜欢把生活弄得支离破碎，他们觉得一切事物都有生命。不管是什么东西，对他们来说，都是有机体，他们对微小的变化都表现出一丝不苟。他们退缩了，从通过分析，需要打乱展现生命和谐的最小的表象时开始。这种安排通常意味着自然温柔和善良仁慈；我们把他们称为“亲切和蔼的人”。

他们不仅不划分，当他们找到一个被划分的东西，部分的东西，或者忽略它，或者在脑海中把它和它分开的部分接合起来；他们借助快速想象来重新组织，而人们从不期待在它们的天然迟钝中能有这种迅速。他们强于组合，相比而言弱于划分。更准确地说，一看到一个容易的操作，那里就似乎没有强和弱了，只有必须做的事，作为他们的存在所固有的。事实上，这样的表现才证明他们像是头脑简单的人。

一只手出现在光线下。爱推理的人从中推断出可能有个人在阴影下，我们只能看到他的手；从手，他推断出人。头脑简单的人没进行推理，没有推断；首先，一看到手，他就说：“我看到一个人。”爱推理的人实际上是通过他有思想的眼睛看出来的。

这里，两个人取得一致。不过，在成百上千种情况下，头脑简单的人，从一个部分，就能看到我们看不到的整体，从一点迹象，就能猜测出，断言一个我们还没有看出来的人，令人发笑，被当作疯子。

看见别人看不到的人，这是天眼。看见可能会来到的，会产生的，这是预言。这两者都让人们惊讶不已，引起智者的嘲讽，这两种能力通常是天真单纯的自然馈赠。

这种天赋，很少出现在有修养的人中，就像人们所了解的，在头脑简单的人民中更普遍，他们或原始，或野蛮。

头脑简单的人和生命融为一体，作为回报，他们有卓越的天赋，只需要最小的迹象就能看出或预见到。

这就是他们和有天赋的人的相似之处。通过天真单纯，常常他们不费力就能触碰到他们通过自身拥有的简化的能力获得的东西：为了人类中的第一人和好像是最后面的人能很好地相遇并融洽相处。他们的相处需要一样东西，对天性对生命的共同好感，让他们只在生机勃勃的协调一致中感到满足。

如果你们在他的生活他的作品中认真研究大自然的奥秘，这种我们称为有天赋的人的奥秘，你们通常都会发现获得评论家才能的人，也保留着头脑简单的人的天赋[①]。这两种人，在别的地方对立，却在他身上取得一致。在他的内心的评论家似乎使他达到无尽的划分时，头脑简单的人让他保持了目前的一致。它总是给他保留着生命的意识，让他看不见它。可是，尽管对他来说，天赋

---

① 天赋，我知道，有无数种形式。这里我给出的当然是最原始最多产的天赋的形式，这种形式通常构成了大发明家的特征。拉封丹和高乃依，牛顿和拉格朗日，安培和若弗鲁瓦·圣－希莱尔，他们也同时是最天真简单最敏锐的人。

有两种能力，生命和谐的爱，对生活的温柔敬重在他身上表现得如此强烈，他牺牲研究和科学本身，如果不能通过分割的方式获得的话。他身上体现了这两种人，他舍弃了那个做分割的人；留下了头脑简单的人，用占卜和预言的愚昧力量。

这是一种心灵的奥秘。如果天赋，通过对知识的分割，虚拟的解剖，总是保留一个头脑简单的人，他从未同意真的划分，总是力求一体一致，担心毁掉它，变成最小的存在，这是天赋的特征，也是对生命的爱，爱让我们保存它，爱创造了它。

人们，总是看得含糊不清，总是在外面，不能体会到，偶尔会觉得这大人物是个好人，一个头脑简单的人。人们惊讶于这种反差；事实上没有反差；这是简单淳朴、善良仁慈，他们是天赋的本质，最重要的清醒头脑；通过天赋，他分享了上帝的丰富多产。

这种善良仁慈使他产生了对渺小生命的敬重，其他人是看不到这些渺小生命的，这善良让他突然停下，避免损坏一株小草，它是人们的消遣。简单单纯的性格只会让部分从来不妨碍他的思想，这种思想让他只需一个部分、一个迹象就能看见，预见整体和全部，一个还没有人猜到的体系，这种奇特的能力真是让人惊讶不已，庸俗的丑闻。它把他从世界赶出去，从某种程度上说，脱离舆论场，脱离地点，脱离时间……只有它可能留下痕迹。

它所留下的痕迹，不仅仅是天赋的作品。也是这种简单的儿童般的，善良仁慈，神圣圣洁的生命，在这种生命里，世世代代都来找寻一种精神唤醒。这样或者那样的发现物在人类的发展进步中可能会变得不那么有用；而他的生命，在他生前表现出虚弱的一面，这里，羡慕嫉妒获得补偿，成为世界的财富，心灵永恒的盛宴。

当然，人民有足够的理由称呼这个人为头脑简单的人。这是典型的头脑简单，儿童中的儿童，他比人民显得更人民。

我来说明一下。头脑简单的人有不聪明的方面，有模糊不明确的观点，在这里，他犹豫，寻找，同时选取好几条路，摆脱简单个性。天才的简单单纯，确实如此，从来没有这种不清不楚的观点：她适用于物体，就像一束强烈的光线，它无须绕弯，因为它能穿透和通过一切。

天赋是童年的馈赠，如同儿童从来没有过。这种天赋，我们之前说过，这是模糊而巨大的本能，因思索而明确，不久会变得狭隘，因此，儿童很早就喜欢提问，喜欢批评指责，常提反对意见。天才在他的伟大崇高中，在他强大的推动力下，带着上帝的恩泽，不幸的是这种恩泽是儿童丧失的，带着充满朝气坚定不移的希望，保留着天生的本能。

人民，若是自命不凡，在人民中间存在下去是很困难的。我无论是在这里还是在那里观察他，不是他一个，是一个阶层，是人民的一个部分形态，变坏的，昙花一现的。这并非他的全部真相，在他最强大的时候，在天才的人的状态；伟大的灵魂存在其中……所有人都惊讶地看到一大群无生气的人在听到他说的哪怕一个词就开始兴奋激动，看到连大海的声音都在这种声音面前静了下来，看到大众潮流伸展到他脚下……为什么会惊讶？这种声音，是人民的声音；本来沉默的他，他开始跟这个人说话，上帝和他一起。看到这里，我们真的可以说：人民的呼声就是上帝的声音。*

这是上帝，还是人？为了天才的本能，我们应该去找寻玄妙的名字，神感？默示？这有庸俗的趋向；他需要被打造成神。“本能？天性？呸！”他们说道，“如果这只是本能，我们不会被带着走……这是在上面的神感，这是深受爱戴的上帝，这是上帝，新的救世主！”与其欣赏一个人，接纳同类的优势，人们让他受上帝影响，神如果需要的话；每个人都觉得还是需要一束超自然的光线来在这点上迷住他……这样，人们脱离了天性，脱离了观察，脱离了知识，真正的天性，是知识，在所有人中间，要遵循；人们把唯一的人排除在人性之外……这典型的人，轻率的崇敬把他抛到天国，使他脱离各种生命的大地，那里有他的根……啊！生活在人世间的他，在我们之中，随他去吧。有人，就还有人民。不要把他从儿童、穷人和头脑简单的人里分离出来，在那里，他有心，为了放逐到一个祭台上。但愿他被这群人围住，是这群人的精神。但愿他专心于这多产生活，生气勃勃的生活，和我们一样，一样承受；他从对我们的苦难和弱点的分担中获取力量，这种上帝隐藏的力量，也将是他的天赋。

* 原文为此处拉丁文*Vox populi, vox Dei*. ——译者注

第八章

天赋的产生/社会形成类型

如果说在人世间，完美不存在，离它最近的，是据所有表象，丰富而和谐的人通过爱和力量的过剩表现其内在的优秀，这种表现，不光是通过短暂的行为，还通过不朽的作品，在这些作品中，高贵的灵魂保持着与全人类的接触。这种天赋的过剩，这种多产，这种持久的创造，似乎在这特征中我们应该找到的全部天性和艺术模式。社交艺术，所有艺术中最复杂的，要仔细观察，看上帝的这一杰作，在这一杰作上，丰富的多样性协调一致，不会在他科研工作的目标上打上几束光线。

但愿人们让我强调天才的特点，坚持深入理解到内在一致性，坚持这座有道德的城邦中留心审慎的管理和良好的治安，这座城邦留在一个人的灵魂之中。

天赋，创造力和生产力，我们之前说过，假设同一个人具备这两种能力，人们称之为精神的两性集于一身，头脑简单的人的本能和贤哲的思考。可以说，他是男人和女人，儿童和成人，野蛮和文明，人民和贵族。

这种二元性，令人惊讶，让他在庸俗眼中像是一种奇怪的现象，一件极端可怕的事，这些在最高层次组成人的合法性和正常性。说实话，他是唯一的人，其他人都不是。头脑简单的人是一半的人，评论家是另一半的人；他们不能产生；平庸的人产生得更少，我们可称之为中立者，既没有这一元也没有那一元。他，是唯一完整的，唯一可以生育的；他有继续制造神物的责任。其他都是不能生育的，除非在他们爱的作用下重构一种双重统一体；他们的天赋，一代代相传，当它们碰到一个完整的人，这个人独自就有繁殖力时，天赋就无能为力了。

并不是所有人都缺少本能的给人以灵感的闪光，而是他们的思考让这种闪光衰退模糊。天赋的特权在于灵感先于思考起作用，灵感的火焰在一道道光芒中燃烧。这一切进展缓慢，在其他人那里，非常慢，连续地；间隔使其枯燥无味。天赋填塞间隔，连接两头，消除时间，如同永恒的闪光……

本能，此刻非常快速，触及了行动，变成行动；思想，被这样集中，变得活跃，开始生产。

这另一个，今天庸俗，在萌芽状态也接受了这种两人的多产二元性，头脑简单的人和评论家；天生的恶很早就毁灭了和谐；

从知识的最先几步中，傲慢来了，精明来了；评论家扼杀了头脑简单的人。思考，愚蠢地以其早熟的男子特征为荣，蔑视本能，把它看作一个弱小的儿童；爱慕虚荣和贵族气派，被思考混在一起，从它可以混合这两者的时候开始，在能说会道的诡辩者中；思考在它嘲笑的对象面前，不承认谦卑的亲族，亲族让思考和人民过于亲密。思考抢在它们前面；担心它们嘲笑，它变成个亵渎宗教的东西！嘲笑它的兄弟……好了！它孤零零的；只靠它可造就不了一个人。这样的人是无力的。

在这可怕的策略中，天赋什么都不懂。它不会因担心众人的嘲笑而去防止熄灭内部的热情；它甚至对嘲笑充耳不闻。对它来说，思考既不尖刻也不讽刺，有分寸地对待本能的儿童期。这种本能需要另一半宽待；虚弱而模糊，容易陷入混乱的运动中，因为充满渴望，对爱情盲目，它赶着去迎接光明。而思考十分清楚，如果它在有光明这一点上具有优势的话，在多产的热情和活跃的专注上则低于本能。在天赋和思考之间，与其说是位高位低的问题，不如说是年龄的问题。这一切都开始于本能这一形式。今天的思考就是昨日的本能。哪一个更优？谁能告诉我答案？……最年轻最弱小的可能有优势……

天赋的多产，让我们再来强调一次，毫无疑问，主要取决于善良、仁慈、温柔、心灵的单纯，由此它能接受本能的微弱尝试。它把它们接纳到它自身上，到它的内在世界，就像在它的外部世界一样，在人身上和在天性上。它到处对头脑简单的人产生好感，它的随和宽容不断地令人想起新的思想根源的虚无缥缈。

这些从他们那儿传到他这儿。我不知道有多少东西还没有成型，孤零零地漂着，无依无靠，它们也走到它这里，毫无惧色。他，目光敏锐，他不想去检查，看它们是否定型，是否粗俗无礼，他接受它们，对它们微笑，他感谢它们的生机勃勃，宽恕了它们，鼓舞它们……从这种宽恕出发，对他产生了这种特别的优势，一切都来充实他，支援他，增强他的体质。世界，对所有其他人来说，是一个多沙的沙漠，他们在那里找啊找，却找不到。

在这个灵魂中，充满了天赋的生机勃勃的天性，爱怎么会不来？一件所爱之物出现了……它从哪里来？人们不能说。它是被爱着的，这就够了……它会生长，在那存活，就像他在大自然中生活，迎接所到来的，什么都吃，慢慢变大变美，变成天赋之花，他变成世界之花。

选定的高尚典范……这活跃的一点刚才还是默默无闻的，被慈父般的眼神看着，它安排好自己，变得生气勃勃，光彩夺目，这是一个伟大的发明，一件艺术品，一首诗……在它的成果中，我十分欣赏这件漂亮的创造物；我是多么想跟着它到它那个世代①，在温柔的孵化中，它的生活，它的热情开始了！

强大的人，在他们的帮助下，上帝完成这些伟大的事物，请你们告诉我们，神圣的时刻是什么？在这一时刻，发明，艺术品，

---

① 有天赋的人抹掉他们自己的作品的连续的痕迹，这多么令人惋惜啊！他们很少留着为作品做准备的系列草样。你们会在其中找到某种东西，不完整，完成得非常勉强，在某几个大画家的渐进系列的作品中，他们不停地在描绘他们的思想，每时每刻通过不朽的作品来巩固这些思想。这样去领会拉斐尔、提香（提香·韦切利奥被誉为西方油画之父，是意大利文艺复兴后期威尼斯画派的代表画家。——译者注）、鲁本斯、伦勃朗这些人的一种想法的产生，不是完全不可能。为了只谈谈这最后一位，好撒马利亚人，基督埃玛于斯，拉扎尔，最后基督安慰人民（在100弗洛林币上的雕刻），标明连续的刻度，通过这些刻度，大艺术家被含有现代深深的悲惨的新演出所感动，酝酿并产生他的构思。在最后一个它给他的表达中，如此有力，如此深受喜爱，作品和工人都达到一种难以置信的感动程度。

第一次突然出现……在你们的灵魂里，对这个新生物用的最初的话语是什么，你们的对话是年长的智慧和年轻的创造，她对他的迎接展现出温和友好，她如何鼓励他，依旧生硬粗暴，培养它而不改变它，完全不束缚它的自由，所做一切只为它更自由，让它做自己。

啊！如果你发现了这个，你不仅启发了艺术，还启发了精神艺术、教育艺术和政治艺术。如果我们知道素养，天赋给他思想中心爱的人的素养，他们如何在它们中间生存，需要多么机智，多么温柔，不侵害它的独创性，他鼓励它根据天性表现自己，我们会同时拥有艺术的标准和教育的模式，公民的启蒙①。

出于上帝的仁慈，我们注视着你们！在这样高级的灵魂中，智慧和本能能如此和谐，我们要为所有社会作品找寻典范。天才的灵魂，带有明显的神性，尽管它像上帝创造，我们要外城与内城相一致，让外城也神化。

当头脑简单的人和审慎的人这两种人出现在他身上，并且能相处融洽互相帮助时，这个人就是和谐而多产的。

好吧！社会将达到和谐多产的最高点，如果有教养的审慎的阶

---

① 这个并不是像柏拉图在《理想国》第四卷中的那样的一个简单的比较。不，这是事物本身，被自己占据，在它最深处，在它出生和天性中。随着人们习惯在道德世界里看社会世界，人们看到后者是根源，是母亲，是前者的模板，或者更准确地说，两者就是一个东西。

灵魂和灵魂的对决，进步和教育是其结果，内部的力量形成灵魂和灵魂间的契约，灵魂有对自身的爱，婚姻，在这狭窄和多变的围墙中完成的选定，在哲学中揭示出政治的秘密、教育的秘密、社会启蒙的秘密。不管是艺术家建造作品，人们根据自己的选择培养孩子，还是城市产生还处于非常稚嫩的阶级，这是三种相似的东西；至少，随着科学的进步和爱的发展，它们会越来越相似。

这种科学需要创造。哲学，几个世纪依赖它围绕着相同的观点在发展，也还没有涉及根本。神秘主义者，也一直留意着，在人类灵魂领域，不辨是非地去那里寻找上帝，毫无疑问上帝在那里，不过当人们在那里看到他的影像的时候，这个影像是他放在那里的，能辨别得很清楚，人和神的城市。

层通过迎接并收养本能和行动之人，从他们那里获得了热情，给予他们光明的话[①]。

“多么大的差别！人们会说。你们没有看到，一个孤单的人的灵魂里，内城由同样的事物和同样的人构成；在这两种如此相似的相似物中间，很容易变得亲密。在政治城邦中，只有对立不调和的因素！各种阻力抵制！这里的已知条件就非常复杂了；瞧我说的！在所比较的事物中，一个完全是另一个的相反面；一个里面，我只看到和平，另一个里面只有战争。”

但愿反对意见合理，但愿我能接受它！但愿不协调只存在于外城，而在内城，在个人的表面统一中，有真正的和平！…… 我感觉更像是反过来的……世界上普通斗争还没有我跟我自己的斗争冲突剧烈，我和我的争论，双重人之战。

这争斗在每个人身上都能看到。如果在天赋之人身上有暂停与和解，这取决于一个好的奥义，对立的两种力量相互为对方做出内在的牺牲。艺术的实质，就像社会的实质，别忘了，那就是牺牲。

这斗争理所当然付出了代价。人们所认为的无生气消极的作品改变了它的工人。它改善了工人的道德，赢得大艺术家对它的贴心照顾，当它还未成熟，还很弱小，还未成型时。工人做出作品，作品也在雕塑工人；随着它慢慢长大，它让他也变成熟懂事。如果全世界，有它的悲惨，它的必需品，对立的命运，全压

---

① 你们来在人性的大社会中扩大这个吧。像这样关于本能状态的民族，像这样关于思考状态的民族。当他们开始接触，文明国家应该以人道的名义，以他们利益的名义，形成一种艺术，一种语言，来与那些只有未开化本能的国家融洽相处。

在他身上，人们会看到，他不再是天赋之人，从心灵的优异来说，他是一个英雄。

所有这些内在的考验，世界并不知晓，使天赋免受傲慢的所有苦难。如果它以他作品的名义，排斥被庸俗嘲笑的愚蠢对象，这是为了作品，而不是为了天赋。在英雄般的温柔仁慈中，总是暗暗留下了儿童、人民和头脑简单的人。不管他完成得多么棒，他也是在弱势群体这边。他任由爱慕虚荣的人，洞察入微的人在空旷之地溜达，笑对嘲弄、诡辩、否定。但愿他们获得辉煌成就，他们在世界的道路上想怎么跑就怎么跑……他，在那保持着安宁，所有头脑简单的人都来了，走向圣父的宝座。

正是因为他，他们才来到这里。除了他以外，他们有什么样的支持，什么样的保护人？对这些穷苦的人来说，他是他们共同的遗产，自豪的报偿。对这些哑巴来说，他是他们的声音；对无力的人来说，他就是他们的力量，他们所有的愿望都是延期实现的。对他来说，最终，他们享有天福，被他拯救。他引导他们，拿走他们，在长长的阶级和不同人群链条上，他们分为女人、儿童、无知者、无趣的人。和他们相比，我们谦卑的工作伙伴只剩下纯粹的本能，在这些人背后，极大的内部生活部族，跟本能延伸得一样远。

所有人都自恃单纯，在城邦的门口，他们可能迟早会进去。“你们来这里做什么？你们是谁？是单纯天真的穷人？——上帝的哥哥的小兄弟。”

第九章

第二部分回顾/第三部分开篇

在心灵的驱使下，我走远了，可能太远了点。

我打算描绘出人民本能的特征，在其中展示生命的起源，现在的有教养的阶层可能正在这起源中找寻他们的焕然新生；对这些出生在昨天，已经精力衰竭的阶层，我向他们证实，他们需要向人民靠拢，因为他们也是出自人民。

人民，被痛苦不幸扭曲，因进步而变质，为了发现天赋，我特别需要研究他们中最纯的成员，儿童和头脑简单的人民。在那里，上帝为我们保存着活跃的本能的寄存物，永恒年轻的财宝。

这些我在书中称为头脑简单的人和儿童，是为了人民来证实，正巧他们在为自己抗议。而我，我就听他们说；我尽全力为被人民嘲讽的头脑简单的人报仇。为了儿童，我想知道为什么中世纪的冷酷无情现在仍对他如此。

什么？在信仰和生活中，你们不接受残酷的宿命论，假设人的堕落腐败源自一个他从来没有犯的错；当涉及儿童时，你们就从这一观点出发；你们惩罚头脑简单的人；你们从一个一天天渐渐被人抛弃的假设，推断出一种痛苦折磨的教育！你们压制年轻的泄露者，不让他们说话，这个约瑟夫，这个丹尼尔，这个泄露者是唯一能将你们的谜和忘却的梦想告诉你们的人。

如果你们坚持认为人的天性是恶，提前变坏了，认为他怎么被责罚被修正都不为过，完全被知识或经院哲学弄变样，你们给人民、儿童般的人民、依然天真的人民判了刑，人们把他们叫作原始人或野蛮人。

对所有本能的可怜儿子来说，这种偏见都是致命的。它让有教养的阶层对没受到良好教养的阶层倨傲且充满仇恨。它让儿童承受我们这种教育的折磨。它让无数荒谬的怀有恶意的谎言去伤害到如孩子般天真的人民，在人民灭绝方面，为消除我们所说的基督教徒的顾虑做出不少贡献。

我的这本书还想把粗野和未开化的人涵盖在内，保护剩下的那些人……再晚就来不及了。灭绝活动进展得很快。不到半个世纪，我就看到那么多民族消亡！今天我们的同盟者苏格兰的山区居民在哪里？英国的掌门官驱逐芬戈尔和罗伯特·布鲁斯的人民。我们其他的朋友，印度的北美的，这些都是古老的法兰西曾经伸出过援手的，他们现在在哪里？唉！我刚刚看到人们在集市露天舞台上展示的最近几个……美洲的英国人、买卖人、清教徒，用他们令人难受的不聪明，立刻驱逐这些英雄般的民族，令他们挨饿，令他们灭绝，在地球上留下一个永恒的空位子，这是人类的遗憾。

面对这些毁灭，印度北部的，高加索地区的，黎巴嫩的，希望法国能及时感觉到我们无休止的非洲战争特别是因为我们对这些人们的天赋的低估；我们总是离得远远的，没有为消除相互的不了解以及由这种不了解产生的误解隔阂做任何事。他们在另一天承认，他们和我们争斗的原因是他们认为我们是他们宗教信仰的敌视者，而他们的宗教信仰是上帝的统一；他们不知道法国，甚至整个欧洲动摇了狂热崇拜的信仰，在中世纪，这种信仰使团结一致变得模糊。波拿巴在开罗对他们说，现在还有谁能再说出这样的话？

浓雾渐渐散去，有这么或者那么一天，在河两岸之间，人们能辨明自己所在的地方。非洲的民族和我们南部的民族那么相似，有时候，我在比利牛斯和普罗旺斯地区最优秀的朋友中认出非洲，这非洲给法国帮了大忙；它向我们解释说明了很多我们所轻视所不解的东西。因此我们更好地理解了我们山区居民的民众活力，这些地区民族混杂程度最低。风俗习惯的这种细节，我说过，人们都认为很粗鲁粗俗，其实是未开化，把我们的人民和这些人联系起来，未开化可能有，但没有一点庸俗。

野蛮，未开化，孩子，还有人民（对大部分来说），他们有着共同的苦难，那就是本能被低估，他们自己也完全不知道让我们去理解这种本能。他们好像哑巴，忍受着，在沉默中消逝。而我们呢，我们什么都不理解，我们刚刚才知道。非洲的居民饿死在他们被毁坏的筒仓里，他们死去的时候没有抱怨。欧洲的居民干活干到累死在医院里，不会无人知晓。孩子，即便是富人家的孩子，备受煎熬，不能呻吟；没有谁愿意听他说；中世纪，对我们来说已经结束，对他来说，在野蛮粗俗上，仍在继续。

奇怪的景象！一方面，这些生命充满着朝气蓬勃的巨大活力……这些生灵感觉仍像是着了魔，他们不能很好地让人明白他们的思想和他们的痛苦。另一方面，其他人收集人类历来创造的一切工具来分析，来表达思想、语言、类别，还有逻辑学、修辞学；对他们来说，生命很脆弱……他们需要这些缄默者，上帝将大量的活力注入他们身上，而缄默者只给了他们一滴。

谁不希望在这地势低而无名的地区的伟大人民能向往高位，探索着往上爬，没有光线，甚至没有呻吟的声音？……可是，他们的沉默说话了……

人们说恺撒，沿着非洲的海岸航行，睡着了，做了一个梦：他好像看到一支大部队在哭诉，向他伸出双臂。醒来之后，他在随身记事簿中写下“科林斯和迦太基”。接下来，他重建了这两座城市。

我不是恺撒，可有时候我做过和恺撒一样的梦！我也看到他们哭泣，我明白他们的泪水：全民呼吁*。他们想要城邦！他们要求城邦接受他们，保护他们……我，孤独的可怜的做梦人，我能给这伟大的缄默的人民什么？我有的只是一个声音……但愿这是他们在这个法律城邦的第一次入场，直到那时，他们都还是排除在这个城邦之外的。

* 原文此处为拉丁文*Urbem orant*。——译者注

在这本书中，我要让知道的那些人说他们是否在世上有一项权利。所有呻吟默默忍受的人，所有向往高处、生活中往上爬的人，这就是我所说的人民……这就是人民。希望他们都能和我一起来。

为了让城邦坚固，我不能扩大城邦！它摇晃，倒塌，当它不完整，排他、不公正的时候。它的公正是它稳固的基础。如果它只想公正，它会连公正都做不到。它需要神圣和神授，建立在唯一的缔造者上。

城邦会变得神圣，如果不小心翼翼地关上它的那些城门，它会取笑所有有关上帝的孩子的东西，最低劣的，最谦卑的；替它兄弟脸红的人真该死！所有人，不分阶级，不分类别，或弱或强，或单纯或睿智，他们都把他们的睿智和天性带到了这里。这些软弱无能者，可怜的人，他们为自己什么都不能做，却能为我们做很多。在他们身上有一种神秘的未知力量，一种隐藏的繁殖力，在本性深处的活跃的根源。城邦，唤起他们，唤起生命，只有它能让生命重生。

因此，希望人和人，人和本性，在漫长的分离之后，都开始幸福地和解；希望所有的傲慢终结，希望保护人的城邦能有无尽的天空，如上帝的胸膛般宽广！

至于我，我抗议，如果还有它排斥的什么样的最后一个，避免受权利的损害，我，我不进入，我就在门口。

第三部分

论以爱之名的解放/祖国

第一章

友情

这是个无尽的光荣，对法国普通的老奶奶们来说，第一批找到祖国的真实名字。在他们满含意味和深意的单纯朴实中，她们把它叫作友情[①]。

祖国，这种巨大的友情中无疑包含了其他的友情。我爱法国，正是因为它是法国，也是因为我热爱着它的居民，我爱过它的居民。

祖国，伟大的友情，我们所有的眷恋都在那里，通过眷恋将这种友情展现在我们面前；接下来，轮到友情了，友情让眷恋普及扩散，变得

① 祖国只存在于市镇。人们称里尔的友爱，埃尔的友爱，等等。参看米什莱的《法国史》，第五卷，第315页，梅利纳，康合作公司，布鲁塞尔。

高贵。朋友完全变成一个人民。我们这种个体间的友情就像是这种大型的启蒙的第一阶段，灵魂经过这些停靠站，一步一步往上走，为了相互认识，为了互爱，在这种更优秀更无私更高尚的灵魂中，人们称之为祖国。

我之所以说无私，是因为这正是祖国突出的地方，它让我们互爱，不顾利益的对立，背景的不同，不顾不平等的存在。穷人、富人、显贵还是底层，祖国解除掉我们所有人身上的嫉妒的苦难。这真的是伟大的友情，因为它让人显得英勇壮烈。和祖国相结合的，都关系密切；他们的眷恋和祖国一样持久。我这是在说什么啊！只有在他们不朽的灵魂中，它才是永远不可磨灭的。祖国在世界上在历史中终结，在地球的中心毁灭，最后如友情般长存。

听我们的贤哲一说，似乎人是非常难以交往的生物，好不容易，用上沉思和艺术的所有努力，他们能发明精妙的仪器让人与人相互靠近。而我，只要稍微观察一下，通过他的出身，就能看出他是易于交往的。在他睁开双眼前，他是喜欢这个世界的，他从被独自留下时开始哭泣……人们会有怎样的惊讶？人们第一个说的那天，他离开一个已经很古老的社会，如此温和。他从它开始；九个月大，必须和他分离，进入孤独状态，摸索着寻找，看是否能重新见到他曾有过后来又失去的一个宝贵的团结一致的影子。

他爱他的奶妈和母亲，对他来说两者区别不大……可当他第一次看到另一个人，一个跟他年龄相仿的儿童，他是他，又不是他时，他会有多么欣喜若狂啊！他会勉强找这一时期的某个东西，在爱的喜悦最强烈之时。家人、奶妈、母亲在某一时刻，一切都在同伴前让步，同伴让人忘记一切。

由此，必须要看看多么的不平等，这块策略的绊脚石极少阻碍天性。相反，它自娱自乐，和所有心灵有关的联系中，不把这些差异和不平等放在眼里，似乎应该制造一个难以忍受的障碍的联合。比如说，女人爱男人，正是因为男人更强。儿童喜欢他的朋友，通常是因为朋友更优秀。不平等让他们欢喜，如同献身的情况，像好胜心，像平等的希望。爱的最珍贵的心愿，是做平等的人；它的担忧，是保持优秀，保留别人所没有的优势。

这是童年美好友情的特性，不平等对这种特性的形成起了重要作用。为了有憧憬、有交流、有互助，这种不平等应该存在于这种特性中。看这些孩子，让他们产生这些令人喜欢的友情的，是在性格和习惯上的相似，是在思想和文化上的不平等；弱者跟随强者，不卑躬屈膝，不羡慕嫉妒；弱者出神地听着强者说话，他幸福地跟随着启蒙的诱惑力。

友情，无论人们说什么，作为一种进步的方式，比爱更贴切。爱，和友情一样，也可能是一种启蒙，只会在联合者中引发竞争；爱好者们在性和天性上都有所不同；两者中的后进者不会有太大改变，只为了和别人相似；相互同化的努力过早地终止下来。

竞争的思想，很快就在小女孩之间产生了，男孩之间出现得晚一些。小学、初中，教师所有努力都是为了唤醒这狼狈不堪的情感。男人，在这种关系中，显现出宽厚和英勇。他们应该学习羡慕和嫉妒，他们都还不知道自己的羡慕和嫉妒是什么。

啊！但愿他说得有道理，但愿他能改善！爱不是计算，它不会衡量。它一点都不关心去计算一个数学上的相等，这种严格的相等人们从来没有达到过。它想能超越平等更好。面对天性的不平等，通常他都是制造一个相反方向上的不平等。比如在男人和女人之间，形成最强的那个想为最弱的那个服务。在家庭的发展中，当孩子出世，优先权就落到这个新来者身上。本性的不平等有利于父亲这个强者，不平等代替了爱，而爱是有利于弱者的，最弱的，会让弱者成为第一。

这就是天然家庭的美。人为家庭的美，是有利于选中的子孙，有意志的子孙，比天性子孙更珍贵。它应该追求的城邦典范，是强者选中弱者，是为了最小利益的不平等。

亚里士多德这样反驳柏拉图："城邦并非由相似的人构成，而是由不同的人构成。"由此我还加上一句："不同的人，却有爱来调和，变得越来越相似。"民主就是爱在城邦，还有启蒙。

庇护的启蒙，古罗马的或封建的，是一种人为的东西，生于时势[①]。我们需要回到人的不变的天然关系中来。

这些关系是什么？……不要跑太远去寻找。只要人被激情控制之前，被艰苦的教育压得透不过气之前，因竞争而发怒之前，注意到这些人就行。在爱之前，在嫉妒之前，接纳他。你们在他身上找到什么？在所有事物中，对他来说，最天然的，也是最重要的（啊！也是最不重要的！）：友情。

我很快老去。在我年纪之上，我还有两三千年的历史堆在我面前，众多的事件，众多的情感，各种回忆，我的生活和世界生

---

① 古代的和封建的庇护不会重新出现，也不应该重新出现。我们觉得是相同的。另外，特点不断丧失，而独特性，在这些紧密的附属关系中，人们总是把注意力放在人身上，成为别人的影子，可怜的复制品。炉火边的公共长桌上出席的有大贵族、管理小教堂的神甫、宫廷主管大臣、其他诸侯，长桌一直延伸到门口，在那里，厨房的仆人站着端茶送酒，吃饭，这张桌子就是一个学校，效仿别人是有失身份的；每个人都在学习和模仿比他高等级的邻座。感受并非总是奴颜婢膝的，可精神上却是。这种效仿的奴性毫无疑问是延迟中世纪的众多原因中的一个，并使它长期贫瘠。

活参与其中，乱七八糟地。好吧！在这些众多重要事物里和这些令人伤心的事物中，有一个占主要地位，不断出彩，总是充满活力，精神饱满，蓬勃发展，那就是我的第一份友情。

我还记得（比我昨天的想法还清晰），这是一种无限希望，难以抑止，想去联系交往，关于知心话，关于相互揭露。无论是语言还是文字都不能满足。在无数次散步之后，我们相伴而来，又相伴而去。多么惬意，当阳光重现，有这么多可以思忖的东西！我很早就出发，充满力量和自由的感觉，急于表达思想，重新开始交谈，说出这些心里话。“什么秘密？什么神秘的东西？”我哪里知道！可能是这样的历史事件，或者是这样的几行我刚刚记住的维吉尔的诗。

我都不知道弄错多少次时间了！早上四五点，我出门，我敲门，我让他开门，我叫醒我的朋友。该用什么样的词句来描绘这灵动轻盈的微光，在这微光下，这样的上午，所有东西闪耀着飘动着？我的生命如同长了翅膀，我还有种和上午和春天混在一起的感受；我感觉，我生活在晨曦中。

一个常令人懊恼的时期，真正的人间天堂，这里没有仇恨，没有蔑视，没有卑鄙，这里，不平等完全无人知晓，这点非常好，这里社会充满了人情味，充满神圣的感觉……一切都去得太快。利益来了，竞争、对抗……然而，如果教育为将人聚集在一起而做的努力跟它现在让人分离所做的努力一样多的话，那还能留下点什么。

要是只有两个孩子，一个穷一个富，坐在同一所学校的长椅上，如果，联系于友情，分离于性格，他们经常相互看见，他们之间所做的超过世上所有的策略，所有的道德风尚。他们在他们无私的单纯的友情里，保留着城邦的神圣关联……富人懂得生活，也知道不平等，发出悲叹；他所有的努力都是为了分担。穷人非常宽宏，安慰成为富人的他。

不懂生活的话如何生活？不过付出了代价后才懂得：忍受、干活、做一个穷人，或者变成穷人，愉快地，由衷地，诚心诚意地参与工作，忍受痛苦。

据一个富人所知，拥有了世上所有的知识，你们还想要什么？只通过这点，他有简单的生活，他不了解强大的深刻的现实事物。不再深钻，不再支撑，他跑起来，滑过去，就像在一块冰面上；他哪里都进不去，他总是在外面；在这个灵敏的生命里，表面的，肤浅的，明天他将临近结束，去向无知，就像他来的时候一样好。

他所缺少的，是一个坚固的地方，从他的灵魂，他用来支撑，用来挖洞，在生活中，在认识中。完全相反，穷人被限定在一个黑暗的地方，看不到天空和大地。穷人缺少的，是能重新站起来，呼吸，看着天空。被宿命连接在这个地方，他需要扩展，让人知道他的存在和他的痛苦，离开这个他受苦的地方，既然他有个无限的灵魂，使它感到无尽的快乐……他没有一点办法；规则很少起作用；这里需要友情。空闲之人，有教养有学问，考虑周到，要把被紧紧束缚的灵魂放回到与世界的关联之中；去改变灵魂吗？不，只是帮助它成为它本身应有的样子，清除阻碍灵魂展开翅膀的障碍。

如果两个人都能意识到只有在对方身上才能得到解放，这一切就会变简单。有学问有文化的人，今天成为空想的奴隶，程式的奴隶，只有与本能之人接触时才能重获自由。他的青春和他的活力，他以为在远方的旅行中重生，实际上它就在那里，在他身边，在社会朝气中，我说的是在人民中。人民，另一方面，对他们来说，无知和孤独就像是个监狱，他们拓宽眼界，重获自由的空气，如果他们接受学问的交流，如果不是因嫉妒而诋毁这种交流，他会尊重人类工作的积累和所有前人的努力。

这种援助，这种互助文化，强大而可靠，他们能相互体会到，她猜想，我承认，在两人之间有真正的宽宏大量；我们把他们称为英雄气概。哪种称呼与人更相符呢？……也更自然，当他恢复知觉，重新振作，在上帝的恩泽下。

穷人的英雄气概，是牺牲嫉妒，是在更高层次做他自己，超越贫穷，为了不去想了解钱财是赚得多还是少。富人的英雄主义，是充分了解穷人的权利，去爱穷人，与之相配。

“英雄主义？……这不是最简单的责任吗？”可能是，但这正是因为有让心与心变得密切的责任。我们天性的可怕缺陷！我们只喜欢不需要我们承担责任的人，被抛弃的解除了武装的人，引证不出任何法律来控告我们。

心变宽要从两方面着手。人们通过法律和责任得到民主，通过法律，人们只有那些废弃的法律……唉！让我们通过宽恕来获得吧！

你们说 ：“关我们什么事？我们按照如此审慎适度的法律行事，如此奸诈地安排和组合，让互爱……”为了想要审慎适度的法律，为了遵循这些法律，先去爱吧。

“如何去爱呢？你们没看到利益设立在我们之间的难以逾越的障碍吗？在我们挣扎的难以忍受的竞争中，我们能表现出足够的朴实单纯，去帮助我们的对手吗？去帮助未来的竞争者？”

可怜的无赖！什么！为了几个小钱，为了一个你即将失去的微不足道的位子，你献出了人的财富，包括善良仁慈、伟大崇高、友爱、祖国、真正的心灵生活！

啊！太可惜了！离革命这么近，又这么远，你们已经忘记了世界上第一批人，这些慷慨的年轻人，在他们可怕的冲劲中，他们有力地奔跑，前往永恒的死亡，你们已经忘记他们都相互争吵，凶猛的对手为了漂亮的情妇使最激烈的爱的心灵激动，胜利女神！没有体验到一点嫉妒？它总是留下光荣的文书，在文书上旺代的胜利者用道德用名望来袒护已经让人害怕了的人①，阿尔科莱的胜利者，作为他的担保人……啊！伟大的时代，伟大的人物，真正的胜利者，每个人都应该向他们屈服！你们战胜嫉妒就像战胜世界一样容易！高贵的灵魂，不论你们在哪里，给我们吧，来救救我们，你们思想的一口气！

---

① 人们知道波拿巴使自己成为怀疑的对象，以意大利的主人和仲裁人的身份行事，接受或者拒绝停战，带来和平或者战争，而不征求任何人的意见，直接把资金投到莱茵河的部队，而不经过国库，等等。人们让风声传开，直到军队内部才停下。依洛什写了一封信给警察部长，为其辩护，这封信后被公布出来。他把人们传播的中伤诽谤的声音交给保皇党处理：“为什么波拿巴成了这些人狂怒举动的对象？是因为他在葡月打倒过他们？因为他解散了国王的军队，为共和国提供了光荣地结束战争的资金？……啊！正直的年轻人啊，渴望要效仿你的共和国卫士是什么样子？”加油，波拿巴！带领我们胜利的军队去那不勒斯，去维也纳；羞辱国王，跟你的反对者抗辩，让我们的武器重放光彩，让我们来打理你的荣耀吧！

第二章

论爱和婚姻

需要不太清晰地感受这类主题的重要性，来试图用几页纸来探讨。我只做一个观察，主要是针对习俗的状况。

由于我们对祖国和对世界都是漠不关心的，不是城邦公民，不是博爱者，我们只有一件东西，有了它，我们想要避开自私自利：这就是家庭关系。作为家庭一个好父亲，这是人们炫耀的长处，通常有很大的好处。

好吧！必须承认，在上层阶级，家庭病得不轻。如果继续下去，会变得愈发艰难。

人们指责这些人，并非没有原因。我在别处讲过他们的物质主义，他们的冷酷无情，他们出奇的笨拙，因为笨拙，他们失去了早期阶段的巨大影响。然而，还要承认，尤其错在女人，我想说，在母亲身上。他们所进行的教育，或者让人给予他们女儿的教育，融合了难以忍受的重负。

我们所见到的只令人过多回想起罗马帝国的最后几个世纪。妇女，成为遗产继承人，知道她们有钱，支持她们的丈夫，让她们的社会地位如此卑微，没有一点金钱上的好处，没有一点法律规定，能让这些人忍受奴役。他们更想逃到荒无人烟的地方去。特巴依德被住满了。

立法者，害怕人口减少，被迫促进下层的眷恋，并使之合法化，这是人唯一接受的。今天也是如此，如果我们的社会比罗马帝国更工业化，不会把希望寄托在婚姻上。现代人出于贪婪，出于贫困而接受使古罗马人灰心的运气。不太肯定的投机。年轻女人知道她要提供很多，但她没有了解金钱的价值，她花钱更大手大脚了。如果我仔细考虑近期事件，境遇的动荡，我会尝试说："你想破产吗？娶个富裕的女人吧。"

我明白娶一个出身高贵、教育程度低的女人有诸多不便。首先，是离群索居，离开他的阶层，失去固有来往。另一点，人们并非只娶了这个女人，而是她的整个家庭，家庭的生活习惯通常都是粗俗无礼的。这个女人，人们希望好好教育她，为丈夫培养她；可是，经常伴随着出众的本能和温顺，她难以培养。这些为时已晚的教育，人们却试图给予人民的强大民族，而这些民族不太顺从，比较倔强，极少在它们身上获得成功。

这些公认的不便，我仍然不得不重新回到另一个严重得多的，今天辉煌的婚姻的不便。它仅仅在于此，即生活的艰难。

这种生活在于开始于每天晚上，在一天的工作之后，在更劳累的休闲娱乐的一天之后。其他欧洲国家都不是这样，其他的欧洲人民完全不同；法国富裕阶层是世界上唯一不休息的人群。这可能是我们的富人，我们的有产者，前不久刚刚诞生，就已经衰竭。

在这个劳动的年纪，时间的价值是难以估量的，认真而多产的人需要成果，不愿意接受以巨大的生活开支作为结婚条件。每天夜晚，工人都带着一个女人散步，提前扼杀了明天。

晚上，男人需要家庭，需要休息。他带着无数想法回来；他需要静心沉思，吐露他的真实想法，他的设想，他的忧虑，对于白天的战斗，他倾注了大量心血。他发现一个女人什么都没做，急急忙忙地使用她的力量，准备好了，做好各种防备，开始变得急躁……用什么方式跟她说呢？“好的，先生*！时候不早了，我们错过了时间……您明天再来说这个吧。”

随他去吧，如果他不想把这事托付给一位年长的通常被宠坏的女性朋友，机灵又狡黠，他只乐意激怒年轻女性以反对暴君，连累她，使她陷入最凄惨的疯狂中。

不，他不能让她出现这种可疑的引导。他亲自引导她，他出发……他是多么渴望，渴望看到被束缚的劳动者回到自己家里！这劳动者，的确，白天非常劳累；不过，他们能得到休息，在屋里，在家庭中，至少能小睡一会儿，得到每天上帝给他们的这合情合理的幸福。他的妻子等他，一分钟一分钟地数着；餐具已经摆好；母亲和孩子时不时瞧一下他是否回来了。这个男人，只

* 指称她的丈夫。——译者注

要稍微有点价值，她就会因他表现出虚荣，她欣赏他，她崇敬他……这么多关心！我看到她，在她少量的食物中，我看到她，而没让他注意到她，给她自己留下最少的，最营养的食物专门留给身体更抱恙的男人，这些食物能很快恢复他们的体力。

他已经睡了，她还要安顿孩子睡觉，在一旁守候。她夜里工作到很晚。一大清早，在他睁开双眼之前，她早就起来了，一切准备就绪，他吃的热腾腾的菜肴，以及上班要带的饭菜。他心满意足地出门，面对身后的一切表现得非常平静，他亲吻了妻子和熟睡的孩子。

我曾经说过，我要再说一遍，这就是幸福。她觉得她由他养活，她为此感到幸福；当他知道是为了她而工作的时候，他工作得更好。这才是真正的婚姻。单调的幸福！人们会说。不，儿童在其中显出了进步……如果火花加入其中，如果劳动者，带点安全感，带点充裕的时间，能有更高品质生活的时刻，如果他和妻子结合起来，用自己的想法来养活她……这兴许太多了，我们只求上天给予人世间的永恒。

可怜的贪欲牺牲品，这幸福，你本可获得；却牺牲了它。你喜欢的谦逊的女孩，她也喜欢你，你却抛弃了她，如今又因她伤感！破坏可怜的创造物，敲碎你的心来与奴役结合真的明智吗（我不以我的名誉和仁慈发言）？你找寻的金钱，它自己溜走，它不会待在你手中。这个有关孩子的结合没有爱，建立在算计之上，会把他们悲惨的根源带到他们苍白的脸上。不调和的存在会证明这婚礼中存在的内部分离，他们没有生活的胆量。

这个女孩和那个女孩之间的差距有这么大吗？无论如何，两个人都是属于人民。最富有的那位有一个暴富的劳动者作为父亲。从真正的人民，非混合的，到中产阶级人民，到混合阶级，没有一个止境。

如果有产者想从他过早的衰竭中恢复过来，他们就不那么担心和家庭结合在一起，这些家庭和他们以前一样。这就是力量所在，美之所在，未来所在。我们年轻人很晚进入婚姻，已经非常疲惫了，他们通常和一个年轻的孱弱女子结婚；孩子忍受极大痛苦或者受尽煎熬。到了第二代或者第三代，有产者开始变得孱弱就像大革命之前的我们的贵族一样[①]。

并不仅仅是生理上有了缺陷，而是道德下降了。为了持续地工作，为了认真地做事，为了重要的发明，从一个男人能期待什么？他被卖给一个金钱婚姻，成为一个女人的奴隶，一个家庭的奴隶，被迫逃避，从各处抛弃时间和生命？想象一下一个民族的前途是什么样的，在这个民族，领导阶层在不兑现的诺言中，在空荡荡的骚乱中日趋衰竭！……为了让生命丰富，需要静心，需要沉思。

这段时间有件值得注意的事情，那就是人民中的女性（她们一点都不粗俗，和男人一样，感到精致和高贵的需要），听从超越她们的男人，带着一种她们未曾有过的信任……她们看到高贵就像一个难以逾越的爱的鸿沟；而钱财多少对她们来说区分不了阶层[②]；当人们爱的时候，很少考虑钱财！人们令人感动的信任，在

---

① 就像德·迈斯特跟他们在《法国大革命评述》中说的一样。

② 皮埃尔·勒鲁的观察，此人很有判断力，另外非常具有创造才能，看问题透彻。还要补充多少东西啊！这是我们风俗习惯中阴暗的一面啊！尤其是看到家庭，看到母亲，我很难过！把这个年轻人推向爱情的不忠。难道受骗的年轻女孩可能希望得到的不是这位母亲的支持吗？—（转下页）

他们最好最可爱最温柔的祖国，与上等阶层变得亲密起来，带来了活力，带来了美丽，带来了道德的优雅！……啊！欺骗她的人要倒霉了！如果他们不感到内疚，他们至少会感到遗憾，当想到他们失去了价值连城的财富，天和地：被爱！

（接上页）个虔诚的母亲难道不应该拥有心肠，对这个可怜的孩子的无限情感，无论怎样，最后（就算是在上帝面前，全世界的自尊低声议论，有什么关系！）变成她的孩子？女人期盼从我们这里得到什么样的尊重，如果她们之间不相互提防？她们有个共同的秘密，这个秘密把她们紧密联系在一起，这种程度男人是达不到的，分娩的秘密，母性的秘密，这也是生与死的秘密，这个秘密让她们能在痛苦和欢乐中达到极限。参与到这非凡的秘密中，这点男人不了解，能让她们平等，成为姐妹；不平等只存在于男人中。对母亲，对姐妹，为了受骗的女孩，向儿子或者兄弟提出抗议，如果婚姻变得很艰难，那就把它放在她们的保护支持之下。如果没有她们，他还是可以娶她，道德高尚的年轻女人为错误付出代价，用她的善意去保护一切，向初恋的孩子张开双臂和敞开心扉。但愿她回想起米兰瓦伦蒂娜对杜努瓦的柔情，这感人的拥抱："啊！你被我偷走了！……"（参看，我的故事，奥尔良的路易之死。）

第三章

论联合

长期以来，我负责法国以前的各种协会。这其中，最美的，依我看，是渔网协会，在阿夫勒尔和巴夫勒尔的海岸。每个这样的大渔网（120个法寻*或者600法尺**）分成好几份，以留给女孩和男孩遗产的形式。女孩们，继承了这项权利，也不会从事捕鱼业，仍然通过编织她们那一份渔网来协助捕鱼业，她们把这些渔网托付给渔民。美丽而智慧的诺曼底女人把这渔网作为嫁妆拿出来；这份渔网，就是她管理的地盘，有着"征服者纪

---

* 法国旧水深单位，约合1.624米。——译者注

** 法国古长度单位，相当于325毫米。——译者注

尧姆”*的妻子的谨慎。同时拥有权利和职业，她必须要像这样，知道探险的细节；她估算可能性，对装备的选择感兴趣，也对这种冒险生活表示担忧。她总是在船上冒险，比渔网上更多。通常，那些开始被她选为渔民的人回来的时候就选她做了妻子。

真正的智慧之地！这诺曼底，在很多方面，都是法国和英国的榜样，它找到了一种更相称的协会典范，其他没有一个被叮嘱关注未来。

这个协会跟汝拉的干酪联协会完全不同①，在那里，毕竟，人们只吸收股金和利润。每个人都带着他的牛奶到共有干酪，在销售中按比例分配。这种集体经济不需要任何道德调和，它让自私自利不受限制，能和个人主义的所有冷酷无情和解。在我看来，他配不上“结合”这个美名。

诺曼底的渔民的结合才完全配得上这个名字；这个结合是精神上的、社会的，也是经济上的。实质上是什么？一个可靠的年轻女孩，品德好，从她的工作，从她的熬夜，从她的一点积蓄，资助年轻人，将她的财富放在他们的船上，在倾注所有心血之前；她有权认识、选择、喜欢能干快乐的渔民。这才是一个真正符合这个名字的结合；远没有抛弃家庭自然联合，她制定了关联，通

* 也称“威廉一世征服者”。——译者注

① 这些联合会经常被傅立叶提及。我是历史和传统的人，所以我没有什么对吹嘘以绝对偏差的途径行事的人说。这本《论人民》，尤其是建立在祖国的观念上，也就是说，牺牲和献身的观念，和情欲吸引无关。然而我抓住此机会是为了表达多次看到巧妙深刻的细节的赞赏，有时候这些细节是非常实用的，表达我对一种被看轻的天赋和被人性的幸福所填满的生活的温柔赞叹。总有一天我会听从我内心的呼唤而讲到这些。一种物质主义的炫耀和一种精神的节制饮食无私的生活，多么奇特的反差！这种反差最近才开始在他的信徒的荣光中重现。而美德和宗教的朋友，它们的负有责任的保卫者，天生的公共道德保守党，私下加入那些由一定扮演傅立叶信徒那些人构成的团体，这个团体只谈利益、钱和享乐，轻视利益，大胆地敲打证券市场的巴尔……巴尔！不，摩洛克，崇拜的对象不停地吞食着人类。

过关联，她有利于大联合，有利于祖国的联合。

在这里，我感情流露出来，手中的笔停了下来……我必须承认，祖国，家庭现在带来的益处很少。渔网协会很快就只存在于历史之中；它们已被取代，在海岸的很多地方，被那些能代替一切的东西……被银行，被高利贷。

诺曼底海员真伟大，他们第一个发现美洲，建立非洲分行，征服两个西西里，征服英国！我只在巴约的绒绣工职业中重新发现你们？谁没有受到打击，在经过沙丘悬崖时，经过我们毫无生气的海岸时，海岸对面却是如此生机勃勃，从瑟堡的无生气[①]到朴次茅斯的炽热猛烈的活动？……勒阿弗尔布满美国军舰，充满一种过境商业，由法国完成也好，没有法国参与也好，有时候与法国对抗也好，跟我有什么关系？

沉重的厄运！对我们的孤僻是十分严厉的惩罚！我们的经济学家宣布对于自由结合没有什么要做的。我们得学会从中抹去它们合作的名字。这个名字是根据刑法预料到的轻罪的名字……唯一一个获准的结合，是在圣克卢和温莎之间的不断增加的亲密。

商业贸易组建了好几个公司，却通过斗争来吸收小的商店，摧毁小商人。商业带来的损害很多，收获却很少。在这种希望下，大的两合公司形成，却不太成功。这些公司没有进步；当一个新的公司形成时，其他的公司承受着巨大的痛苦，萎靡不振。很多已经垮台，那些存活下来的也没有增长的动力了。

在农村，我看到我们非常古老的农业社团，有莫尔旺地区的，

---

① 海上的无活力；不过泥瓦匠一点都不缺，比其他地方缺得更少。一个工程师把一个值得赞扬的积极性放在完成大坝修建这事上。

贝里地区的，皮卡第地区的，慢慢解体，向法院提出分割诉讼。这些社团延续了几个世纪；其中好几个都有过繁荣。这些已婚劳动者的修士，同时汇集了二十多个家庭，相互有亲戚关系，在同一屋檐下，在他们选出的一个头领的领导下，却毫无疑问有着巨大的经济优势[①]。

如果我从这些农民转到最有教养的人，我没有在专题文献中看到一点联合精神。因知识、尊重、相互的欣赏而自然而然的最相似的人们，仍然离群索居着。天性的相似也没能让心灵更靠近。我认识四五个人，他们一定是人类中的贵族，只在他们中间才有贵族院议员和法官。这些人总是存在的，如果他们因时代而分开，兴许会非常痛苦，遗憾没有相互认识。他们生活在同一时代，同一城市，门对门，却相互看不见。

在我去里昂的多次朝圣中，有一次，我拜访了几位织布工，按照我的常规，我询问他们的病痛，以及对应的药方。我特别问到，是否无论他们的意见有多大分歧，他们都会在某些物质资料、经济资料中联合起来。其中一个，十分通情达理，品德高尚，能很好地领会我带来的一切，在这些研究中，发自内心，意愿良好，让我能把调查推进到很远，得出我还没有做的。“困难，他首先说道，是政府对厂商的偏袒。——然后？——他们的垄断，他们的专制，他们的苛求……——就这些吗？”他停了停，叹了口气，接着说出这样严重的话，“还有另外的困难，先生，我

① 不过它们很可能过于束缚我们这个时代的两种特殊的感情：对私人财产的追求和对家庭的爱。读读大迪潘的非常奇怪的小册子：《在涅夫勒省的徒步旅行》，1840年。（也请参看我的《法律的起源》，合集，中世纪农村合作社成员，一块布，一块面包和一罐果酱的生活，等等。）

们难以交往。”

这句话不断在我脑海中回响，像一次判决，让我为之一颤。我有多少理由来假定它的正确和真实啊！我听到过好多次！……“什么？我思忖道，法国，在所有人心里都是享有盛誉，平易近人的温柔，从它的风俗，从它的天性，它将持续分割，直到永远？……如果是这样，我们还有生存的机会吗？在死亡之前就已经消失？……我们的灵魂会死吗？我们会比我们的父亲更糟吗？人们不停向我们夸赞虔诚的联合[①]？爱，博爱，在世上都结束了吗？”

在这种如此灰暗而坚定的想法中，像一个垂死者，好好体验一下，如果我死了，我严肃地注视着，不是最高尚的，也不是最卑劣的，而是一个不好不坏的人，一个有着很多不同阶层的人，他看到了，他忍受了，他，确实风趣而善良，带有人民思想……这个人，他不是别人，他就是我，为了独自生活，自愿孤独，仍易交往，讨人喜欢。

他也是很多其他人。持久不变的爱交际实质在深处沉睡。它全部留了下来；我到处都能在人群中感受到它，当我走到群众中，当我倾听观察时。当这种随和爱交往的本能在最后一刻失去勇气，收缩、折叠，为什么人们会惊讶？……被各党派欺骗，被工业家剥削，被政府怀疑，他不再动弹，不再行动。所有社会力

---

① 只有贫困通过青铜锁链和以前未开化的结合相联系（参看我的《起源》，被喝完的血的可怕形态，或者是被推倒在地上，等等。），贫困，我说，和死亡的确实性，如果人们依然是不和的话。在修道士协会里，友爱是严格被禁止的，就像人们对上帝偷窃。（参看米什莱《法国史》第五卷，第12页注释。）手工业行会的未开化和它为了重新组建的尝试（参看阿·拜尔蒂纪埃），让我们足够了解中世纪工业协会的情况。团体协会，生于危难和祷告（对处在危险中的人来说，如此自然），一定恨外国人，胜过协会的不自爱。主保圣人的旗帜召集协会，它把协会从仪式队伍引入斗争。与其说是兄弟会，不如说是同盟和抵抗力量，通常是好斗的，在对行业的仇恨和嫉妒中。

量好像转向针对易于交往的本能！……把石头并在一起，把人分开，他们没有再会的东西了。

对于联合精神所缺少的，赞助不再填补了。最近平等观念的出现消灭（在一段时间）了它之前的观念，亲切支持的观念，收养的观念，亲子关系的观念。富人冷冰冰地对着穷人说："你要平等，还要兄弟的地位？好，也行！不过从现在开始，你就别想在我这要到任何援助；上帝令我承担给我父亲的责任；想要平等，你要把我从平等中解放出来才行[①]。"

在这群人中，人们做出的改变不比其他任何人群少。没有一个社会喜剧，没有一个表面尊重能对其社交性产生幻想。他们没有德国人那恭谦的举止。他们也不像英国人，总是在富人或者贵族面前脱帽敬礼。如果你们对他说，他老老实实地真诚地回答，你们可能认为他真的把这个给予人，而不太给予地位。

法国人经历过很多，经历过革命，经历过战争。一个这样的人无疑很难管理，很难联合。为什么？正是因为作为一个个体，他有很多才华。

你们在非洲战争中做铁血汉子，这场非常个人的战争不停地迫使他们依靠自己；毫无疑问，你们没理由这样期望他们，培养他们，在我们需要预计到的在欧洲的危机前夕。同时，你们不要过分惊讶于这些勇士，好不容易回来，服从于法律的约束，依然保留着某种未开化的独立。

---

① 世人的努力和拯救是恢复两种观点的一致。兄弟关系、亲子关系，这些在家庭中不可调和的词在公民社会中是可调和的。公民社会中找到，我曾经说过，使它们一致的模式，在这个道德社会中，每个人都怀有一个道德社会。（参看第二部分末尾）

这些人，我跟你们提过，只会通过勇气和友情对联合产生依恋。你们不要相信你们会让他们承担一个消极社会，在那里灵魂失去了意义，他们生活在一起，没有互爱，通过协调，通过自然的平稳，像德国工人做的一样，比如在苏黎世。英国人为了这项特殊的事业完美地联合起来，在另一项他们的利益相冲突的事业中互相仇恨，互相抵制，他们的合作社会并非更适合于我们法国人。法国需要一个朋友社会；这是它的工业劣势，也是社会优势，不包含其他。联合的形成不在于性格疏懒和习俗一致，也不在于猎人的粗鲁，像狼一样，为了猎物而成群结队。这里，唯一可能的结合，就是思想的结合。

没有一种联合的形式是完美无缺的，如果这个情形一直存在的话。主要的问题，在这群热情的人中，是人的问题，是心理健康的问题。“合作者们互爱吗？彼此意气相投吗？”这一点就是首先需要时刻思考的[①]。一些工人协会将会形成，并持续下去，如果他们互爱的话；工人——师傅协会，没有首领，像兄弟般生活，不过他们需要十分互爱。

互爱，不光是相互的和蔼和善心。性格上的自然吸引，相似的

---

① 在协会中，形式很重要，可能，不过形式只能到第二线。恢复以前的形式，同业工会、工业专制，拿走镣铐为了更好行走，拆除大革命的作品，轻率地摧毁人们在好几个世纪中需要的东西，这对我来说太疯狂了。另一方面，想象国家为属于它自然活力的做得这么少，能履行工场主的职责，全部商人的职责，想象所有事物回到公务员那里，这完全是另一回事；这公务员是天使？被赋予这项奇特的权利，他没有工场主或者商人腐化堕落？有一点是肯定的，就是他不会有他们的积极性了。至于社团，只需要三个词描述。天然社团是种很古老的状态，非常原始，非常低产。自愿社团是种短暂的冲动，用一种英雄般的行动显示出一种新信仰，不久也衰落了。强制社团，由暴力强制入团，在地产如此分散的年代，是件不可能的事情，没有哪个地方比法国更不可能。为了恢复到协会可能做到的形式，我想这些形式应该根据不同职业而有所差别，或多或少复杂一点，或多或少要求方向统一；还应根据不同地区而有所不同，根据民族天赋的多样性。将来某一天我会展开这个主要的研究，它将建立在数量很庞大的实例之上。

兴趣爱好，远远不够。要跟随本性，从心出发，也就是说时刻准备献身，献出本性。

若不献身，你想在这个世界做些什么[1]？……献身也有支持；世界，没有献身，就会立刻倒坍。就算是最好的本性，最正直的个性，最完美的天性（在人世间看不到的），没有至高无上的药，一切依然会死去。

“为他人牺牲！”奇怪的东西，闻所未闻，让我们的贤哲听得直冒火。“为谁自我牺牲？为一个人，一个人们知道价值没他们大的人；为了这个微不足道的人失去一个无尽的价值！”事实上，这价值就是每个人不会忘记归于自己的东西。

在这里，我们无法掩饰，一个真正的困难。人们只会为自认为永恒的东西而自我牺牲。为了牺牲，需要一个上帝，一个祭坛……一个上帝，通过他人们认识自己，爱自己……我们如何来牺牲？我们使上帝堕入地狱！

圣子上帝，中世纪在这种形态下经历过，他是这种必然联系吗？整个历史在那里做出了回答：不。中世纪预言联合，却只带来战争。需要这个上帝有第二时期，需要他出现在人间，跟1789年那样降世为人。于是，他给联合一种最广阔最真实的形式，这种形式，依然是唯一能让我们聚集起来的方法，通过我们，拯救世界。

法兰西啊，您不光是我们的光荣的母亲，想必您生下了整个自由民族，请您让我们因您而互爱吧！

---

① 没有哪个时代展示过这么多这样的例子。在哪个世纪人们看到过这么庞大的军队，好几百万人，受苦、死亡、毫无反抗，带着痛苦，默不作声？

第四章

祖国/民族性将消失吗?

国家对立大大减少，人权变得缓和，如果人们愿意把现时代和中世纪的充满仇恨的年代相比的话，我们已经进入一个善心和博爱的时代。国家间利益开始有点相互交织，相互模仿他们的习俗，复制他们的文献。可以说因此民族性的概念开始减弱了吗？让我们来好好研究一下。

有一点的确在减弱，即在每个民族里的，内部的分裂。我们法国的乡土气息很快消失。苏格兰和威尔士成为大不列颠统一体的一部分。德国也在找它的统一体，自认为已经准备好为统一体牺牲许多不同的利益，这些利益令德国分裂至今。

各个国内民族为包含他们的大民族性所做出

的这种牺牲，毫无疑问会令大民族性更加牢固。大民族性可能会抹掉突出而生动的细节，这细节描绘出一个肤浅的观察者眼中的人民的特征；不过，大民族也强化了它的天性，令它能表现这种细节。就是在这个时候，法国在国家内部消除了所有不一致的法国，法国有了它独创而高明的启示。法国找到了它自己，同时宣告了世界共同的未来权利，它在世界扬名，这点它从未达到过。

人们谈到很多和英国有关的；它的机器，它的军舰，它的1500万工人，今天的它不同于所有国家，而这国家数量要远远多于伊丽莎白一世时期。德国在认识自己的道路上不断摸索，从17世纪到18世纪，最后在歌德、席勒、贝多芬那里暴露了想法；从这时开始，德国才真正开始向往统一起来。

民族性非但没有消失，我看到它们一天天表现出精神特性来，它们曾经是一群群的人，现在是一个个的人。这是生命的天然进步。每一个人，从开始，隐隐约约地感觉到天性；似乎在第一阶段是随便哪一个人；随着发展，他变得深刻起来，通过外部的行为和工作表现自己的特征；他变成这样的人，离开他的阶层，对得起一个名号。

为了相信民族性将很快消失，我只知道有两种方法：1.无视历史，通过空洞无物的公式去了解历史，就像哲学家从来不学历史，再或者通过文学中的陈词滥调，谈谈它们，像女人一样。那些知道历史同时看到历史的过去，像一个小小的黑点，如果我们愿意可以划掉它。2.还不止这些，相较无视历史，更要无视本性，要忘记民族性会从反复无常中失去控制，完全建立在生活环境的影响上，食品上，一国的天然产物上，民族性会有小幅变化，但绝不会消失。那些既不是通过生理学也不是通过历史联系起来的民族性，组成人性的民族性，不用打听人或自然，它们可自行决定抹去所有边界，填满大河，铲平高山。然而，我告诉他们这些事，民族依然存在，如果他们对消除城市不重视，对消除大的文明中心不重视，在这些城市和文明中心各民族总结自己的天性。

我们说过，在第二部分快结束的时候，如果上帝把政治城邦的典范放到某地的话，这个地方，所有迹象表明，就是精神城邦，我想在一个人的灵魂中讲述。好！首先，这个灵魂做什么？它固定在一个地方，静心沉思，组织起一个身体，一个住所，一个范畴中的观点集。于是，它可以行动了。一个人民的灵魂仍应该是一个机体中心点；它应该坐在一个地方，集中，静心沉思，和这样一种天性相协调，就像你们讲过的七个山丘，对这个小小的罗马城而言*，或者，对于我们法国而言，则是大海，莱茵河，阿尔卑斯山脉，比利牛斯山脉；这是我们的“七丘”。

这是一种力量，对整个生命来说，一种被限定的力量，切断在空间和时间上依附于它的某个东西，咬住可能自己身上的一块，在无足轻重使人软弱无力的天性中，这种天性总会令人惊讶不已。这是存在，是生存。

固定在一点的思想将会深化。在空间游动的思想分散开，消失了。你们看那个把爱献给所有女人的男人，他直到死去都不懂何为爱；他只爱一次，持久地，他找到一种激情，天性的无限，世

---

* 罗马也称七丘城。——译者注

界所有的进步[①]。

祖国和城邦，远没有达到本性对立的地步，为了存在于此的人民的灵魂，它们是了解人的本性唯一的万能方法。本性也同时把至关重要的出发点和发展的自由给了他。假设雅典人的天性比不上雅典的天性，它在漂泊，它在流浪，它消失了，默默地死去。被限定在这个狭窄的范围内，幸运的是，这样一个城邦，固定在一个优美的地方，在这里，蜜蜂采着索福克勒斯和柏拉图的蜜，雅典，这样一个不可感知的城市的巨大天赋，用两三个世纪，而中世纪十二国人民用了1000年。

上帝创造和增加特殊的独创性的最强大的手段，是保持世界调和的分裂，在这种我们称为民族的强大而优秀的体系，每个体系，都为人们开创了一个多变的活动场，是生动活泼的教育[②]。人们越发展，越是进入他祖国的特性中，越能促进世界和谐；他学习了解这个祖国，在他特有的有限的才华汇总，就像一个大型音乐会的音符；他通过它参与其中；通过它，他爱上全世界。对共同的祖国来说，祖国是必要的启蒙。

联合就这样不断发展，而从来没有达到统一的风险，既然每个民族，走的每一步都是朝向和谐一致[③]，这都是创新。如果万一，

① 祖国［la matrie（祖国。——译者注）多利安人也这样说］是爱中之爱。她像一位受人喜爱的年轻母亲出现在我们的梦中，或者像一位强大的奶妈，喂着数以百万计的我们……弱小的形象！她不光给我们喂奶，还把我们抱在她怀中：我们的行动和存在都在你的呵护之下。（原文此处为拉丁语）

② 一切都有助于教育。任何技术目标，任何技巧，同样奢华，任何培养素质的形式都不会对整体没有作用，对最差的、最穷的没有影响。在这一个国家的巨大身躯上，精神传播风行，没有感觉，下降，上升，升到最高，降到最低。这个想法通过眼睛看（时尚、商店、博物馆，等等）进来了，另一个想法又通过交谈，通过语言进来了，这语言是共同进步的重要仓库。所有人收到所有人的想法，可能不用分析，不过最后他们还是接受了。

③ 随着一个民族真正拥有它特有的天性，它揭示这种天性，通过成果证实天性，它就越来越不需要通过战争用自己的天性来对抗其他人民的天性。它的这种独特性，一天比一天可（转下页）

多样性停止，如果统一完成，所有民族用同一个调子唱歌，音乐会结束；混在一起的和谐只会是无意义的声音。世界，单调而野蛮，会这样消逝，甚至不留下一点伤感。

我肯定，什么都不会消亡，人的灵魂不会，人民的灵魂也不会；我们在太有能力的人手中。截然相反，我们总会生存得更久，也就是说，增强我们的特性，获得更强更多产的独特性。上帝防止我们与他纠缠！……如果任何一个灵魂都不死，这些民族的伟大灵魂，他们持久的天赋，他们关于殉难者的丰富历史，填满英雄般的牺牲，充满不朽，这些怎么会消失？当其中一个消失一段时间，全世界的所有民族都会生病，这些心弦的世界适应了民族……读者，我看到你们心中这痛苦的感情，这是波兰，意大利[①]。

民族性，祖国，这永远是世界性的生活。如果这种生活死了，那一切都会死亡。还是问问人民吧，他们有这种感觉，他们会告诉你这种感觉。问问知识，问问历史，问问人类的经验。这两种重要的见解达成一致。两种见解？不，两种现实性，现存的和以前存在的，对应毫无意义的空想。

在这一点上，我有我的想法和我的故事；在这块峭壁上，我是坚定的；我不需要任何人来使我更坚定我的信仰。不过我曾经是在人群中的，我询问人民，包括年轻的、年长的、小孩、大

（接上页）靠，在生产中表现得比在对抗中更为明显。民族多样性是通过战争强烈地表现出来的，当每个民族让人清楚地听到它的重要声音时，这种多样性表现更加明显了；所有民族同一个调子发声，每个民族现在形成它的祖国；慢慢地一致了，和谐了，世界变成了竖琴。可是这种和谐，需要什么样的代价？需要多样性作为代价。

① 非常痛苦，现在在法国的中学里，默不作声，在他剩下的声音中，我们亲爱的伟大的密茨凯维奇。

人。我懂得他们每个人都表现出对祖国的热爱。这其中表现出他们身上的生动的情感，这种情感最后消失。我在去世的人身上看到过这种情感……我曾经在人们称为监狱、苦役犯监狱的公墓里待过，我发现了一些人；好了！在这些死去的人中，胸膛是空空的，你们猜我找到了什么……法国依然是最后的火花，人们通过它让死去的人复活。

别说了，求你们了，出生在一个被比利牛斯山脉、阿尔卑斯山脉、莱茵河、大洋围绕的国家，没有什么大不了。收留那些最穷的人，他们衣衫不整，饥寒交迫，那些你们所认为的只为生计忙碌的人。他会跟你们说分享这无尽的光荣和分享这无与伦比的传说都是一个遗产， 这种传说保养着整个世界。他们非常清楚，如果他们去地球上最后一片沙漠，在赤道上，在南北极，他们会在那里发现拿破仑，我们的军队，我们的伟大历史，遮盖这地方，保护它；他知道，孩子会来到他这里，老人保持沉默，请求他说话；他知道，听他这么说来，不过说出这些名字，他们轻触他的衣裳。

对我们来说，不论在我们身上发生什么，贫穷还是富贵，幸福还是不幸，生存还是在那边死亡，我们总是感谢上帝，感谢上帝给我们这样一个伟大的祖国，法国。法国的伟大，不仅仅在于它所做的光辉事迹，更是因为在它身上，我们同时看到了它代表了世界的自由，在我们中间展现出的热情，普世性的爱的启蒙。最后这一点特性在法国身上非常突出，常常连她自己都忘了。如今，我们应该提醒法国，请求它去爱所有的民族，而且不超过对它自己的爱。

大概所有伟大的人民都代表一个人类的重要观念。可是只是这个，伟大的上帝，在法国看来更真实！假设法国消失了一段时间，它完结了，世界的友好联系有所减退，解除，极有可能被毁灭。爱，形成全球生活，在最活跃的部分被伤害到。地球将进入冰封期，我们身边所有事物都从其他世界来。

对这一主题，这几天我都做着一个可怕的梦，我不得不讲出来。我在都柏林，在一座桥附近，我沿着河堤走着，我望着面前的河，柔弱而狭窄，眼睁睁看着它被拖进宽广的沙岸，差不多就像人，人们看到奥尔费弗河岸*的那条我们的河；我感到认出了塞纳河。连河堤都很相似，更少的富人区商店，更少的纪念建筑，杜乐丽花园，卢浮宫；这几乎就是巴黎，少一点点巴黎味。几个衣着不整的人从这座桥上走下来，不，不像我们这里穿着工作罩衣，而是那种布满污渍的旧衣服。他们激烈地争吵，用尖刻的语调，从喉咙发出来，非常野蛮，就算衣衫褴褛也能看得出难看的驼背；其他人从旁边走过，可怜又肤浅……看着看着，一个东西让我震惊，让我害怕，所有这些形象好像都是法国的……这是巴黎，这是法国，一个变丑了的变迟钝的野蛮的法国。这个时候，我认识到恐惧是多么轻率盲从；我没有任何异议。我想表面上是另一个1815年到来，不过长久以来，很久很久，几个世纪的苦难加在我的被定罪的祖国身上，直到永远，而我，我回到那里，承担这无限痛苦属于我的那一份。这长时期让我深感痛苦，像一大块铅；两分钟甚于好几个世纪！……我待在原地，无法行走……我旅行的伙伴使我振作起来，于是我稍稍回复了一些……但是，

* 法国警察总署。——译者注

我没法完全把可怕的梦从头脑中抽离，我不能自我安慰；只要我在爱尔兰，我就会带上深深的感伤，在我写下这个的时候，这种悲伤就全部浮现在我眼前。

第五章

法国

我们众多社会主义流派中的一个流派的领头人几年前问过：“祖国到底是什么？”

他们的物质享受的世界性乌托邦出现在我面前，我承认，贺拉斯诗歌中的一个乏味的评论：“罗马灭亡了，逃到福佑岛，*”这懒散的使人泄气的悲伤诗歌。

基督教徒随后到来，带着天国、人间的博爱，通过崇高的令人感动的学说，仍然给予帝国致命的一击。他们的北方兄弟很快来到，给他们套上绞索。

我们不是奴隶的儿子，没有祖国，没有上帝，

* 又称“苹果岛”，“阿瓦隆岛”。——译者注

如同我们刚刚提到了著名诗人；我们不是塔尔苏斯的罗马人，不像外邦人的使徒；我们是罗马的罗马人，法国的法国人。我们是那些人的儿子，那些人通过一种英雄民族的努力，创造出了世界的作品，为全民族奠定了福音和平等。我们的父亲不明白博爱就像这种模糊的好感让人接受和喜爱一切，这种好感混合，变质，模糊不清起来。他们认为博爱不是生活方式和习俗的盲目混合，而是风俗的统一。他们为了风俗，为了法国，保留了献身和牺牲的独创性，没有人能和它媲美；只有它，用自己的血浇灌这棵它自己种下的树。对其他国家来说，这是个很好的理由，不让她单独面对。这些国家没有像法国那样做出牺牲；难道人们今天要法国像它们那样自私自利，不道德的冷淡？如果法国不能使它们升级，就退回到它们的层次？

人们望着未来，而人民不久以前将未来阶段消除，今天这些人民羞愧地在模仿的道路上走着，看到这些，谁不会惊讶？……这条路，究竟是什么样子？我们太了解了，很多人都走过：就是自杀和死亡的路。

可怜的模仿者，你们就这样认为人们在模仿？……我们来看看在相似的人身上这样的鲜活的模仿；人们勉强把这种模仿据为己有，尽管有一个不为这种模仿而生的有机体对此极为反感；可是这是一个不相干的身体，你把它放在肉体中；它没有活力，死气沉沉，这就是你接受的肉体和精神的极大痛苦。

如果这个东西不光是外来的，不同的，还带有敌意的话，怎么办？如果你去找它，正好在天性带给你的对手那里去找，它正好把你放在对立面？如果你想对否定生命的那些提出生命新生？如果法国，比如说，开始逆历史潮流而动，违背自己的本性，去复制我们所谓的“反法国”，英国？

这里不涉及国家仇恨，轻率的敌意。我们非常敬重，我们也应该敬重这伟大的大不列颠民族；经过比同时期所有人都认真的研究，这一点已经得到我们的证实。研究的结果，还有这种敬重，都是世界进步所坚信的，坚信两国人民在模糊的混合中没有丢掉自己的品质，坚信这两块磁铁，在不同方向相对立的作用，坚信这两股电流，正电和负电，永不会混在一起。

在所有人中间，对我们来说，最不均一的因素，英国因素，也正是我们曾经喜欢的。我们有策略地接受了它，在我们的组织中，相信空论家，他们可以只求模仿，不求甚解；从文学上接受，而没有看英国今天所具有的第一天性，与英国违背得最厉害。总之，我们接受了它，这相同的英国元素，既难以置信，又十分可笑！在艺术上，在习俗中。这种呆板，这种笨拙，不是表面的，不是偶然的，而是在于生理学上的深奥的秘密，我们从这里模仿。

在我面前，有两本小说，展现出作家的非凡才华。好了！在这些法语小说中，滑稽的人是什么样子？法国人总是法国人。英国人是可钦佩的人，看不见的神意，又是现实存在的，能拯救一切。英国人到得正是时候，来弥补另一个所做过的所有蠢事。什么？……正是因为英国人很富有。法国人穷，精神匮乏。

富有！这是这种奇特的迷恋的原因吗？富人（通常是指英国人），是上帝的宠儿。最自由的、最坚定的思想都很难抵抗他人的成见……女人觉得他们很帅，男人很想相信他们是贵族。他那极瘦的马被艺术家当作样板。

富有！你们就承认了吧，这是共同钦佩的暗藏理由。英国是富在人民；就算那里有几百万乞丐也没什么。对那些不了解人们情况的人来说，它为世界呈现出无与伦比的景象，从来没有如此多的财富堆积在一起。农业令人欢欣鼓舞，这么多机器，这么多军舰，这么多人满为患的商店，世上这笔极其重要的钱……钱在这里如流水般。

啊！法国完全不一样，穷国一个。比较人手一份的明细清单和另一个人没有的明细清单，给我们带来太多麻烦。英国带着“好意”，笑着问法国，归根结底，活动的物质成果是什么，从工作中、众多的活动中、努力中剩下些什么①？

这就是，这个法国，坐在地上，像《圣经》中的约伯*一样，在朋友之间、国家之间，这些国家来安慰它，向它提问，使它改进，如果这些国家可以的话，尽力去拯救。

“你的军舰在哪里呢？机器呢？”英国问道。德国说：“你的体制呢？难道不应像意大利那样，有拿得出手的艺术品？”

善良的姐妹们，你们来这样安慰法国，请让我来答复你们。法国它病了，你们也看到了；我看到它低着头，不愿说话的样子。

---

① 法国的物质资料生产，它工作的长期成果，若和它的无形产品比较，根本算不上什么。后者通常表现为行为、活动、言语和思想。法国的书面文学作品（在我看来，是最重要的）很遥远，远不及它的言语，远不及它的耀眼的多产的对话。把它的各种生产制造放在行动旁边看，什么都不是。对于机器而言，法国有英雄般的人；对于系统而言，有灵感的人。“这言语，这行为，难道不是没有产出的东西？”正是在这里法国被捧得很高。在行动和宽恕的事物中，在没有什么用处的事物中，它显得非常出众。超越了所有物质的、触摸得到的东西，难以估计的、难以把握的、看不见的东西开始了。你们永远不要通过物质的东西，通过触摸和看法把法国归类。不要根据你们从外部的悲惨中所看到的把它当作另一个国家去评价。这是一个有思想的国家，因此这个国家给人间物质活动的机会太少。

* 上帝的忠实仆人，历经危难，仍信上帝，转义指极能忍耐的人。——译者注

如果我们想积累每个国家所消耗掉的鲜血和金钱，各种努力，公正的东西只应该有利于群众，法国的金字塔将一直延伸到天空……你们的金字塔，噢，民族，当你们是这些民族的时候，啊！你们的金字塔，你们大量的牺牲向一个孩子屈服。

不要来跟我说："法国啊，瞧它脸色多么苍白！……"它的热血都洒向你们……"它是多么可怜啊！"为了你们的利益，它不计得失地付出[①]……什么都没有了，她说："我没有金子，也没有银币，但是我把我有的都给你们……"于是她交出了她的灵魂，你们赖以生存的灵魂[②]。

"他所剩下了，也就是她给予的……"不过，仔细听我说，好多民族，你们要学习你们从来没有学的东西，而不依靠我们："给予得越多，保留得就越多！"它的思想在它身上停滞了，不过思想总是完整的，总是在一个强有力的苏醒边缘。

我在法国已经有很长一段时间了，和有着2000年历史的法国日日夜夜相处。我们一起目睹了最悲惨的日子，从此我有了一种信仰，相信这个国家是无法遏制的期望的国家。上帝还需要启发另一个国家，因为在深夜，这个国家看到了，而其他国家都再也看不到；在这经常出现在中世纪的可怕黑暗中，从此以后，没有

① 我在这里写下一个一直困扰我的想法，这个想法在我头几次经过边界的时候就有了，虽然我一直在减弱这个想法。特别有一次当我进入瑞士，我顿时感到心伤。看到我们可怜的弗朗什-孔泰的农民生活如此悲惨，突然，穿过一条小河，纽沙特尔的人们，如此宽裕，衣冠楚楚，显然非常幸福！两种主要重负压得法国喘不过气，赋税和兵役，这实际上是什么？这是它为人民也是为它自己做出的两种牺牲。赋税，是它把钱给人民为了把拯救的原则交给人民，是人民通过恶意中伤它来效仿自由的法律。法国的军队是人民的保护神，是它为人民保留的储备品，当蛮族来临的一天，德国，从查理曼大帝时期开始就一直寻求统一，将不得不将我们放在它面前，或者变成俄国的先头部队，反对自由。

② 不，这不是英国的工业机器化，也不是德国的学究式机器化，它造就了人们的生活；这是法国的气息，在它某种状态时，欧洲一直在身上带有潜伏的法国革命热情。

人能看出天堂；唯独法国能看到。

这就是法国。有了法国，一切都不会结束；总会重新开始。

当我们的高卢农民某一时刻驱逐罗马人时，成就了高卢帝国，他们在钱币上留下了这个国家的第一个（也是最后一个）词：希望。

第六章

上层法国，像信条，像传奇——法国是一种宗教

外国人感到什么都说了，当他们笑着说：“法国是欧洲的孩子。”

如果你们给它这项头衔，那在上帝面前这项头衔不是最小的，你们必须承认这是所罗门，他存在，并给出正确评价。如果不是法国，那是谁保留了法律传统？

宗教法律，政治法律，民法；帕皮尼亚努斯*的椅子和格雷古瓦七世的主教座。

罗马不在其他地方，而是在这里。从圣路易开始，欧洲来向谁要求公正公平？教皇，皇帝，

---

* 古罗马法学家与禁卫军将领。——译者注

国王？……热尔松和博叙埃从神学上论述罗马教廷，笛卡儿和伏尔泰从哲学上论述罗马教廷，居亚斯*和杜摩兰**，还有卢梭和孟德斯鸠则从政治和世俗上论述罗马教廷，还有谁不知道罗马教廷的？它的法律，不是别的，正是理性的法律，同样摆在了敌人面前。英国前不久在锡兰***颁布了民法。

罗马有黑暗时期的教皇职位，模棱两可的王权。法国曾经是光明时期的高级神职人员。

这后者并不是在近几个世纪里的偶然之事，变革性的偶然。这是一个传统的合情合理的成果，这个传统串联起了两千年来的所有传统。没有一国的人民有相同的传统。大型的人道运动持续着（从语言上看得非常清楚），从印度到希腊，到罗马，从罗马到法国。

其他国家的历史都是残缺的，只有我们法国的历史是完整的；看看意大利的历史吧，近几个世纪的历史空缺；看看德国的历史，英国的，最初的历史空缺。再来看法国的历史，有了它，你们就了解了全世界。

在这个重要的传统里，不光有连续，还有进步。法国延续了古罗马和基督教的作品和成果。基督教给予希望，法国保留了希望。兄弟般的平等，延期到另一次生命，它把生命教给人们，就像世间的法律。

这个国家有两点非常突出，我在其他国家那里看不到。它同时

---

* 16世纪法国法理学家。——译者注

** 16世纪法国的法学家。——译者注

*** 今斯里兰卡。——译者注

拥有原则和传说，包容而人道的观念，还有一直传承的传统。

这种原则，这种观念，以恩泽的教义在中世纪隐藏起来，用人们的话说，它们叫博爱。

这种传统，从恺撒到查理大帝，到圣路易*，从路易十四到拿破仑，这种人道构成了法国的历史。世界道德典范通过多种方式在它身上永久延续，从圣路易到圣女贞德，从圣女贞德到大革命的年轻将领；法国的圣人，不管他是谁，都是属于所有国家的；他被人接受、被人赐福、被人哀悼。

“对每一个人来说，”一个美国的哲学家不偏不倚地说，“最好的国家，是他的祖国，其次就是法国。”可是，有这么多人喜欢生活在这里甚于他们自己的国家呢！一旦他们某一刻能扯断连接他们的线，他们会来，可怜的“候鸟”，倒在这里，躲在这里，至少，抓住生命热情的一刻。他们默默地承认，这里就是共同的祖国。

这个国家，也被看作是世界避难所，而不光是一个国家；是生气勃勃的博爱。它有点虚弱，在本性深处包含着这持久的原则，无论发生什么事情，这原则都为它保留着复兴的特殊机会。

在法国回想起它曾是并应该是人类的拯救者时，让孩子聚集在自己周围，教导他们说，法国是信仰，法国是宗教，它重回活跃状态，像地球一样坚固。

在这里，我要说一件很重要的事情，我想着这事很久了，它可能会牵制我们国家的革新。我们国家是唯一有权自己教育自己的国家，因为它有混乱的利益以及和人道的国家相连的命运。我们

* 路易九世的尊称。——译者注

国家是唯一能这样做的，因为其伟大的国家传奇，人性的传奇，是唯一完整的和良好继承的，这传奇通过一连串历史事件，最好地满足了理性的需求。

这里没有狂热；这是一个严格评价的非常简短的表达，建立在一个长期研究上。对我来说，太容易展现出其他国家只有特别的传奇，而这些传奇是人们没有接受的。另外，这些传奇故事，常常有着被孤立、个体的特点，没有联系，就像发光的小点，一个远离另一个①。法国的国家传奇是一条无边的光线痕迹，没有断开，真正的银河，人们总是注视着它。

德国和英国，作为民族，作为语言，作为本能，和世界主要传统不相干，罗曼式——基督教的——民主的传统。它们从中学到了不少，但没有和它们的特殊的本质调和一致；它们把本质放在一边，迂回地，笨拙地，一会儿用，一会儿不用。仔细观察这些人民，你们会发现，在生理上，在心理上，一种生活和原则的不协调，这是法国所没有的（不考虑固有价值，停在外形上，听从技巧的支配），可能总会阻止人们去寻找他们的范例和教诲。

法国，恰恰相反，没有搞混这两种原则。对法国来说，罗马因

---

① 为了首先谈谈伟大人民，他们似乎是传奇故事中最富有的，德国传奇故事，齐格弗里德的传奇故事无懈可击，弗雷德里克·巴伯鲁斯的传奇故事，格策的铁腕传奇故事是诗意的梦想，它使生活转向过去，转向不可能，转向后悔莫及。路德，被拒绝，被喝倒彩在德国一半领土上，只留下一个传奇：弗雷德里克，一个不那么德国的人，却是普鲁士人（这完全不一样），甚至法国人，哲学家，留下了一种力量的痕迹，但内心什么也没留下，比如诗歌之类，比如国家信仰之类。

英国历史传奇故事，爱德华三世的胜利和伊丽莎白一世的胜利给人以更多的是一个光荣事件而不是道德典范。多亏了莎士比亚，一种典范在英国人的思想里一直非常强大，影响也非常大：那就是理查德三世的典型。很好奇去观察他们的传统瓦解得如此容易；似乎需要三次人才能在那里看到三种人民出现。罗宾汉的叙事诗和其他，中世纪就靠这个欺骗自己，和莎士比亚一起终结了；莎士比亚被圣经杀死了，被克伦威尔被弥尔顿杀死了，他们消失在工业主义和最近一段时间的半伟大的人面前……他们完整的人在哪里？传奇能建立在什么之上？

素进入凯尔特因素内，只有过一次。日耳曼因素中好几个制造了很多声音，确实难以察觉。

法国占据着罗马，它应该把它的语言、历史、法律全都教给罗马。我们的教育一点都不荒诞愚蠢就在于此。法国就是这样，罗马教育中没有渗入一点法国的感情；它笨拙而繁琐地压在罗马身上，这是途径，它隐藏法国，才是目的。

这个目的，从一开始，就应该给孩子们看到，让孩子们从法国开始的是它，经过罗马，将他们带到法国，还是它。这样，只有我们的教育会是和谐的。

当这些人民，恢复知觉，睁开双眼，看到自己的那一天到来之际，他会明白让他能生存并持续下去的第一所学校是给予所有人（范围或大或小一点，根据所能支配的时间）这种和谐教育，这种教育甚至在孩子心中建立起祖国。没有其他拯救。我们在我们的恶习中慢慢老去，放弃治疗。如果上帝想拯救这个光荣而不幸的国家，那应该从它的初期开始。

第七章

革命的信仰/它没有把信仰留到最后，也没有通过教育传递它的精神

唯一非常乐意地负责人民教育的政府就是大革命的政府。制宪会议和立法议会把原则放在令人钦佩的阐述中，而且是非常的人性化。国民公会，在强烈反对世界，反对它拯救的法国，不顾法国的阻挠，在它所冒的个人危险中，被零零散散地破坏，大量死亡，变得残缺不全，它没有放掉捕获物，它固执地追逐着全民教育这个神圣的主题；在暴风雨的夜晚，它全副武装，延长每次会议，每一次会议都可能是最后一次，然而它花时间来展现所有的制度，并研究它们。“如果我们强制推广教育，”其中一位成员说道，“我们会活得足够长。”

三项被采纳的计划意义重大。三项计划首先安排好顶端和底端，师范学院，小学。这些计划点亮一道强烈的光线，并把这光线带到人民的广阔深处。然后，更从容不迫地，三项计划填充中间地带，培养富人孩子的中央学校或私立初中。然而，一切都和谐地同时被创立起来；于是人们知道了一件生动的作品不会是一块一块拼出来的。

永恒回忆的时刻！热月9日两个月以后……人们重新开始相信生活。法国走出毁灭，突然，长大了二十个世纪，光辉灿烂的法国，浴血的法国，召唤它所有的孩子，以他丰富的经历，让孩子们接受最高的教育；它对他们说："来吧，试试吧[①]！"

当国民公会的报告人发出这样简单而重要的声音："唯有时间才是共和国的老师。"哪双眼睛没有含着泪水？所有人都为时间付出了沉重的代价，所有人都经历了死亡，但不是所有人都能从死亡里走出来！

---

① 这个经验的主要成果是，人类的血有一种非凡的美德去对抗那些洒下热血的人。对我来说，确认尽管有恐怖事件但法国被拯救这件事太简单不过。恐怖分子到处作恶，弄伤我们，而且还在持续。你们到欧洲最偏远的国家的最后一个茅屋去吧，你们会找回这份回忆，重新看到这厄运。国王在他们的断头台上，在他们斯皮尔堡，在他们的驻防地，在西伯利亚等，无情地处死了一大批人，无论如何，一些足够伟大的人！恐怖事件的牺牲者还是同样在人民的心中永远染着鲜血。我们永远都不应该丢掉机会，去抗议这些完全不属于我们的恐怖，这些恐怖也不应归咎于我们。只有军队的猛进救了法国。公共安全委员会可能促进了这种猛进，不过确切地说是通过在公共安全委员会内部的杰出的军事管理人，这些人是罗伯斯庇尔所厌恶的，能被后者处死，如果他不再用得着他们时。我们最清白的将领在罗伯斯庇尔和他朋友那里也只是各种各样的蓄意谋害、不信任和障碍。如今，我没有时间停留在这事上。关于这个，我发誓为了那些重印鲁女士和布榭女士有用的编纂集的人，让他们可怕的悖论消失，9月2日的辩护词消失，圣・巴泰勒米的辩护词消失，发给雅各宾党人的好天主教徒证书消失，夏洛特・科代的讽刺诗消失（第28卷，第337页），还有马拉的颂词，等等。"马拉发出通告，用公正的主张，稳当的分寸"（第345页）。对那个同时要20万人的人的明智赞扬（参看《政论家》，1792年12月14日）。这些新天主教徒，在他们对恐怖时期的完美辩护中，认真对待爱发悖论的《每日生活》编辑夏尔・诺迪埃作为消遣做的辩护。如果人们不喜欢散布这些奇怪的荒唐事，通过廉价报纸，在人民中间，在没有时间仔细观看的劳动者之间，那我就不做这项研究了。

经过这些巨大的考验，对所有的人类热情似乎有了一个安静的时刻；人们可以相信再也没有骄傲，没有利益，也没有羡慕嫉妒。在国家，在学识上最高等级的人接受教育最低微的作用[①]。拉格朗日和拉普拉斯教授算术。

1500名学生，成年人，其中好多已经享有盛誉，毫无困难地来到这儿，坐在师范学院的长凳上，学习当老师。他们来，当他们可以的时候，在严冬时节，在这个贫穷饥荒的时刻。在所有物质资料损毁上，精神的崇高在独自翱翔，没有影子。精英大学的讲坛被天才的创造者轮流占据，一部分比如贝托莱，莫尔沃，刚刚奠定了化学的基础，打开并进入身体的内在世界；另一部分，比如拉普拉斯和拉格朗日，通过计算巩固了世界体系，保证社会稳定。心灵的影响不再是不容置疑的。理性，乖乖地听从于理性。心与理性连接得多么紧密，除了这些卓越者之外，每个人都有且只有一次出现在永恒中，人们看到珍贵的生命，差点堕落，好人阿维的命，被若弗鲁瓦·圣伊莱尔所救！

一个伟大的公民，卡尔诺，组织起胜利，猜中奥什和波拿巴，拿破仑拯救法国，虽然是在恐怖时期，是综合工科院校的真正创建人。当我们在打仗的时候，他们在学习，用三个月的时间学完三年的课程。六个月以后，蒙日声明他们不光学到了知识，还促进了知识的进步。看到他们的师傅不停地发明创造出的作品，他们也能创造了。想象一下这样的场景，一个拉格朗日，在课堂

① 在我眼前有在巴黎中央理工学院接受教授职位人员的原始名单，他们曾经都是中学生：西哀士、多努、罗德雷尔、阿羽依、卡巴尼斯、勒让德尔、拉克鲁瓦、博叙哀、索绪尔、居维埃、丰塔内、甘格纳、拉阿尔普、拉罗米吉耶尔，等等。

上，突然停下来，出神……人们静静地等待着。慢慢地，他苏醒过来，一个未成熟的构思，非常热情的，勉强在他大脑里产生了。

什么都缺，天赋更缺。学生可能来不了了，如果他们没有道路施工每天仅得的4个苏的钱。他们连同精神食粮一起接受面包。其中一个叫克卢埃的师傅只想要萨布隆平原的一小块土地来处理，以种一些蔬菜为生。

在这一时期过后，竟是如此衰落！道德败坏，思想领域衰败得更厉害。读一下，在国民公会的报告出来之后，福尔克拉，还有冯塔纳的报告，不出几年，你从壮年迅速来到暮年，衰老的晚年[①]。

看到这英雄般的公正的冲劲，不令人痛苦吗？同样快的摔倒跌落，不令人痛苦吗？……这光荣的师范学院没有带来相应的成果。人们对此并不太惊讶，当看到里面的人被教得收获甚少，自我放弃、否认自己的人，以拥有这些知识为耻。历史老师，沃尔内，这样来教，历史是不复存在的事实构成的知识，没有活生生的历史。哲学老师，加拉，这样说道，哲学只是符号的研究，换句话说，对于哲学本身而言，其实什么都不是。符号代替符号，数学有优势，自然科学与之相结合，比如天文学。就这样，革命的法国，在广为传播它精神的精英大学，教授那些恒星，一时间都忘掉了自己。

这就是人们所看到的，在为了建立而进行的革命性的最后努

---

① 一个人极少有抗议的勇气，在控制下，考虑到通过国民公会给教育的组织安排：拉克鲁瓦，《教育评论》，1805年。

力，它不能只是一个先知，它会死在沙漠中而看不到希望之乡*。它如何才能到达？它需要完成一切，它没有找到准备好的东西，高于它的体系没有一点帮助。它占据了一个空空的世界，通过无人继承权。它找不到任何能摧毁的东西，总有一天，我会将此事展示得一清二楚。神职人员都完了，贵族也完了，王权也完了。它没有什么能放在位置上了。它进入了有恶习的圈子。革命需要众人完成；为了创造出这些人，需要它成为它的样子。没有任何帮助能完成从一个世界到另一个世界的过渡！一个要穿越的深渊，任何翅膀都不足以越过！……

看到近四个世纪以来，人民辅导老师，王权和教士为他做的启发开导如此之少，感到十分悲痛。神职人员用深奥的语言跟他说话，他根本听不懂。神职人员让他用嘴重复这奇妙的超验教导，这种教导的精妙让最有教养的人都惊叹不已。国家只做了一件事，而且做得非常间接；它把人民聚集在营地，在大部队，在那里，人民开始认识自己。弗朗索瓦一世的宪兵团，路易十四的军队，成了学校，在那里，什么都不教，自己成才，吸收共同的观念，慢慢升华为祖国的感情。

唯一的直接教育是有产者在初中接受的教育，他们继而成为诸如律师或者文人作家。语言词句学、修辞学、文学、法律，没有太多学术性，只能说清楚明了，就像我们以前的法学家，但自称哲学家，充斥着无价值的空想。非形而上的逻辑学家，不太擅长法律和历史的法律专家，他们只相信符号、形态、形象、词句。一切事物，都缺少实体，生命和生命的感受。当他们来到大舞台

* 《圣经》中上帝赐给亚伯拉罕的迦南地方。——译者注

上时，在那里，虚荣自负激烈得快要死去，人们看到故弄玄虚的精妙能把一切坏的东西加入一个恶的天性中。这些提炼物体精华的炼金术士给自己配备了五六种公式，就像那么多断头台，用来使人抽象化①。

这会是一件可怕的事情，当全体会议在罗伯斯庇尔的领导下，因为恐惧而发起了恐怖，重新振作，浴血生存。面对同盟世界，信仰不可少，面对法国，一样不可少，然而法国有30个省，能拯救一切。面对个人危险，它同样不缺信仰，当巴黎没有了信仰，它缩减为武装自己的成员，自我生存，快要没有自己的保卫者了。可是，面对鲜血，在所有走出坟墓的逝者面前，在所有被释放的囚犯面前，这些囚犯是来审判他们的审判者的，它日渐衰退，开始放任自己。

它没有跨出这一步，这一步把未来交给了它。它也没有勇气找到这来临的新兴世界。革命，为了夺取，应该教一件事，唯一的一件事：革命。

对于这件事，它应该，不否认过去，相反，而是追还过去，重新抓住过去，做它自己，就像它所做的现在；展现它有的，借助

---

① 宗教裁判所的天赋和治安机构的天赋在罗伯斯庇尔和圣·茹斯特时期让很多人吃惊，却一点不让那些了解中世纪的人吃惊，他们在其中经常发现嗜血成性的审讯者和无端指责者的这些性情。这两个时期的共同之处通过基内的敏锐的洞察力被领会到 ：《基督教和大革命》，第349至351页（1845年）。小心翼翼的保证公正的两个人，卡尔洛和多努，倾向于顺利审判他们的敌人，在对罗伯斯庇尔上有着完全一致的观点。罗伯斯庇尔曾经经常对我说起除非到了最后一刻贫困和死亡让他能言善辩，众所周知的独裁者是一个二等人。圣·茹斯特更有才能。那些想让我们相信他们两个人在恐怖时期最后过分暴行中都是无罪的人，被圣·茹斯特驳倒。1794年4月15日（离热月9日，即1794年7月24日非常近了！），他为有过错的宽容感到惋惜，人们采取这种宽容态度一直到这个时候："在最近这段时间，法庭审判的松懈升高了不少，以至于，等等。法庭这两年来做了些什么？人们谈过他们的公正吗？……法庭的建立是为了维护革命，而它的宽容却让各种犯罪横行，等等。（最高法院历史，第32卷，第311、319页，1794年4月15日。）

理性的权威、历史的权威、我们整个历史民族的权威；表明革命是姗姗来迟的，却是正确而且必要的人民天赋展现；它还是法国本身，最终找到了自己的权利。

为此它没做什么，抽象的理性，它只祈求，不再坚持理性，面对可怕的现实，这一现实暴动起来，开始反对它。它必须死去，进入坟墓，以便让它活跃的思想传播到全世界。被它的保卫者所毁灭，保卫者向它表示敬意，在一百天里。被神圣同盟毁灭，国王订立他们的条约对付它，关于1789年它确立的社会教义。它对它自己没有了信仰，信仰赢了那些与它战斗的人。他们把剑放到它的心中，产生了奇迹，恢复了健康。它使迫害者改变信仰，它教育它的敌对者……对孩子们，它又怎么教呢？

第八章

没有无信仰的教育

教育的第一个问题："你有信仰吗？你会献出信仰吗？"

要让孩子相信。

希望孩子们，相信他们能办到的事，成为人，被理性证实。

培养一个爱推理爱争辩好挑剔的孩子，这是一件荒诞的事情。不停地晃动人们播下的种子为乐，这是什么农业啊！

培养一个博学的孩子，这是一件荒诞的事情。给他灌输乱七八糟的有用的没用的知识的记忆，把无数物品堆积的杂乱无章的商店堆在他身上，没有活力的东西，死了的东西，废弃的碎片，如果他从来没有共同拥有过……这完全是毁灭他的思想。

在加入东西、堆积知识之前，首先要成为人。需要创造和增强年轻人的活跃种子。孩子首先因信仰而存在。

信仰，是灵感和行为的共同基础。没有哪件重要事物能离得了它。

雅典人相信整个人类文明都来源于雅典卫城；相信他们的帕拉斯*，是来自朱庇特的大脑，从中射出艺术和科学之光。这已经得到证实，这座有着20000市民的城市用它的光芒淹没了整个世界，虽然古雅典城已不复存在，但它的光芒依然照耀着世界。

罗马人相信人们在卡皮托利山丘找到的活跃的带血的思想让他们成为世界的头领、审判官、大法官。这已被证实；如果帝国消失，它的法律还在，依然可以统治所有国家。

基督教徒相信一个降临于人间的上帝会带来一个兄弟般的人民，或早或晚把全世界团结在一个内心中。这点还未被证实，但很快会被我们证实。

说上帝来到人间，这还不够；这个真理，停留在宽厚的关系中，没有获得多产力。需要去找寻，看上帝如何在每个民族的群众中表现出来，如何在各种各样的民族天性中，父亲把孩子的需求占为己有。他应该给我们的统一不是单调的统一，而是和谐的统一，在里面，所有的分歧差别都能互爱。但愿它们互爱，不过但愿它们继续存在，但愿它们增加光辉来更好地照耀全世界，但愿人从童年开始，习惯在祖国承认一个活跃的上帝。

这里，一个严重的异议出现了。“信仰，怎么给出信仰，当我自己拥有的就是这么少的时候？对祖国的信仰，就像宗教信仰一

* 帕拉斯·雅典娜。——译者注

样，使我变得衰弱。”

如果信仰和理性是对立的，没有什么合理的方式来获得信仰，就应该像神秘主义，待在那里，渴望，期待。信仰与人相适应，这是一种在理性展示的东西中的爱的信仰。它的目标，不是意外的奇迹；而是自然和历史的永恒奇迹。

为了重新获得对法国的信仰，对未来充满希望，需要追溯法国的过去，深入它的自然天性。如果你们能认真做到，而且是发自内心，你们会看到，从这项研究中，从提出的前提中，结论定会跟着到来。为了你们，法国的未来和天职通过对过去的演绎而来；在光芒万丈中，它出现在你面前，你开始相信并且喜欢上相信；信仰不是别的什么。

为什么你们甘于不了解法国？你们的原籍是法国：如果你们不了解法国，你们也不会了解你们自己。它在你们周围，从各处催促你们，你们生活在它那儿，靠它，随着它，直到你们死去。

但愿它活着，靠信仰活着！

它重回到你们心中，如果你们看看你们的孩子，这个新生的生命想存活下去，它很好，还很听话，它要信仰的生活。你们在冷淡中老去；但是你们当中谁会由衷地希望它的儿子死去，没有祖国，没有上帝？……所有这些孩子，在他们身上的是我们先人的灵魂，是老去和新生的祖国……帮助祖国去认识它自己；它把相爱的能力还给了我们。

就像富人离不开穷人，大人离不开孩子。我们给孩子们的远远少于我们从他们那里获得的。

新生的世界啊，你应该很快占据我们的位置，我要感谢你！有谁，研究法国的过去比我更多的？有谁对法国的感受更深刻，用如此多的个人经历，向我揭示了这些考验？……然而，我必须要说，我的灵魂，在孤独中，失去精力；它空闲细致的好奇心在艰难前行，或者它飞向理想，它走不下去了。现实逃离我，我一直追寻的我们的祖国，我一直爱着它，我总是在那里看到它；它是我的对象，我的目标，一个学问和研究的对象。在我看来，它总是充满活力的……在谁那里？——在你们那里，在读我作品的你们那里。在你们身上，年轻人，我看到了祖国，它永恒的青春……我怎么能不相信？

第九章

在祖国的上帝/未来的新生的祖国/牺牲

教育，和所有艺术作品一样，首先要有一个简单坚固的草样。没有一点精巧，没有一点细致，就没有什么产生困难，引起异议。

在这个孩子身上，要通过有益的持久的重要感想，建立一个人，创造一个内心生活。

上帝，首先被母亲，在爱和天性中揭露出来。上帝，然后被父亲，在充满活力的祖国中，在他的英雄故事中，在对法国的感情中揭露出来。

上帝和上帝的爱。但愿母亲献出爱，在圣让，当土地完成每年的奇迹，当所有草地上铺满鲜花，当你们看到植物时时刻刻在生长；但愿母亲将他带到一个花园中，拥抱他……温柔地对他说：

"你爱我，你只认识我……好吧！听着：我，我不是全部。你还有另一个母亲……我们有着一个共同的母亲，我们所有人，男人、女人、孩子、动物、植物，所有生命体，一位温柔的母亲，她一直养育着我们，看不见却真实存在……让我们爱她吧，亲爱的孩子们，让我们发自内心地亲吻她。"

完全不是为了长久。超验的观点会毁了印象。让他显露出这崇高而温柔的神秘，他一生都不够来解释。这一天他永远都忘不了。通过生活中的考验，学问的晦涩，通过热情和暴风雨的夜晚，圣让的柔和阳光在他心底发光，带着最纯洁最美好的爱的不谢之花。

另一天，稍晚一些，当人稍微变好了一些，他的父亲拉上他；重大的民众节日，人群聚集在巴黎。父亲把他从巴黎圣母院带到卢浮宫，带到杜乐丽花园，走向凯旋门。在屋檐下，在露天座，他把人民指给他看，军队从旁经过，颤动的刺刀，红白蓝三色旗帜……尤其是在等待的时刻，在节日之前，灯饰妙不可言的反射中，在这刚刚形成的巨大的沉默中，人民形成黑压压的一片人海，他俯下身，对他说：

"噢，我的孩子，快看，这就是法国，这就是祖国！所有这些，就像一个独一无二的人。同样的灵魂，同样的心灵。所有人为一个人死去；每个人也应该为所有人而生而死……那些从那里经过的人，配备武器，准备出发离去，他们要去为我们而战。他们把他们的父亲留在那里，年迈的母亲，他们的父母是多么需要他们……你做了很多，你永远都不要忘了你的母亲是法国。"

我对天性认识太少，或者说这个印象持续着。它看到了祖国……这个上帝，在高级统一中看不见，而在成员中又看得见，在重要作品中，民族生活沉淀其中。这正是他接触的一个充满活力的人，这个孩子，各处都能感受到；他不能亲吻这个孩子，但是孩子，能亲吻他，孩子在人群中流露出的崇高灵魂使他振奋，孩子用其历史纪念物对他诉说……这是一件美好的事物，对有权力的瑞士人来说，用一个眼神，凝视他那个区，从高处拥抱他的阿尔卑斯，心爱的地区，带走景象。可是，对法国人来说，这是一个巨大的真实的景象，在这里，有这样一个光荣的不朽的祖国聚拢成一点，无时无刻，四处各地一起，跟随着，从恺撒的公共浴池到图拉真柱，在卢浮宫，在战神广场，从凯旋门到协和广场，法国历史和世界历史。

此外，对孩子来说，持续的强烈的祖国直觉，这，是第一位的，学校，国家精英大学，就像人们总有一天要去读似的。我谈的是一所真正的公共学校，在那里，各个阶层的孩子，各种社会地位的孩子，来到学校，一年，两年，坐在一起，在专业教育之前[①]，在学校，我们什么都不教，只教法国。

我们赶快把我们的孩子束缚在我们这个阶层的孩子中，有产者或者平民，在小学，在初中；我们避免所有混合，我们快速地把穷人和富人分开，在孩子们还没有意识到这种无意义的区别的幸福时刻。我们似乎担心他们了解他们将来可能生存的那个真实世界。通过早来的隔离，我们准备好了对愚昧和嫉妒的仇恨，这场

---

① 专业教育，中学的或者是工场的，接着很快到来；工场，压力变小了，由学校安排（根据福榭的明智观点，《儿童的劳作》）；中学压力也变小了，特别是在头几年，孩子们只学他们能弄明白的那部分语法。更多的练习和课间休，更少的无用书写。恩赐，对低龄儿童的恩赐！

内部对抗，我们很快就会遭受到。

我是多么希望啊，如果需要不平等存在于人与人之间，如果需要至少儿童在一段时间里能跟随本能，生活在平等中！但愿这些上帝的小人，天真单纯，没有羡慕嫉妒，保留我们，在学校，令人感动的社会理想！对我们来说，这也是学校；我们去从他们那里学习等级的虚荣，敌对意图的蠢事，所有真实生活中存在的，幸福中存在的，不是第一个也不是最后一个才有。

祖国出现在这，新兴而迷人，在它的多样性中，同时，在它的和谐一致中。极有教育意义的性格多样性，面孔多样，民族多样，有上百种颜色的鸢尾。所有等级，所有财富，所有衣服，集中在同样的长凳中，天鹅绒和罩衣，黑面包，精美的食物……但愿富人能从中学到，如此年轻，贫穷是什么，是要承受不平等，但愿他获准去分享，已经借助他的力量，致力于重新确立平等；但愿他发现世界城邦安放在木头长凳上，但愿他开始造上帝城邦！……

另一方面，穷人也在学习，可能牢记富人之所以是富人，不是他们穷人的错，无论如何，他们出生就是如此；常常是他的财富让他从最富有者变成穷人，穷在意志和精神。

这是一件很重要的事情，同一人民中的所有儿子，这样聚集，至少有一段时间，在贫穷和富裕的缺陷前，在自私自利和羡慕嫉妒前，自我约束，认识自我。孩子们在其中获得了对祖国的一个难以磨灭的印象，觉得这个印象在学校中，不光是学习和教书，还有充满活力的祖国，一个年幼的祖国，和他们很相似，在城邦前一个更好的城邦，平等的城邦，在那里，所有人都坐在同一个精神宴会中。

我不光希望他学，希望他体验祖国，还希望他在祖国那里感受出上帝，认出祖国是母亲，是奶妈，从喂给他强身的母乳和给他增加精力的热情中……上帝提防我们让孩子失学，拒绝给孩子精神食粮，因为他没有身体食粮！……啊！不信宗教的吝啬把上百万法郎给泥瓦匠和教士神甫，变得富有只是为了捐赠死亡[①]，和这些年幼的孩子讨价还价，他们是法国的希望和珍贵的生命，心肝宝贝。

我在前面说过。我不属于那些经常伤心的人，时而为了强壮的工人只赚到500法郎，时而为了可怜的妇女只赚到10苏。如此不偏不倚的怜悯不是真正的怜悯。对女性而言，要有畅通的女修院、避难所、临时的车间作坊，女修院能让她们不再挨饿[②]。对那些年幼的孩子，需要我们都成为父亲，我们向他们张开双臂，学校成为他们的避难所，一个温馨而宽容的避难所，为了他们好，他们自己在面包上抹上大蒜，相比他们自己父亲的房子，他们更喜欢这座法国的房子……如果你的母亲不愿养育你，如果你的父亲虐待你，如果你衣不蔽体，如果你食不果腹，来吧，我的儿子，大门永远为你敞开着，法国就在门口来拥抱你，来接待你。她从来不脸红，这位伟大的母亲，担起喂养你的责任，她用英雄般的手为你做好士兵的大锅汤，如果她没有什么要包裹的，把你冻僵的四肢热一热，她宁愿撕下她旗帜上的一块布。

---

① 是死亡在教导我们！修会修士强令儿童接受耶稣会会士的法国历史（洛里奎特）。在其他的可耻诽谤中，我看出了流亡贵族沃邦辟谣的这个诽谤 ：在基伯龙，奥什向投降的人承诺放他们一条生路（第二卷，第256页）。

② 参看我的《家庭和女性的教士》第三版前言，梅利纳，纲茨 和C.布鲁塞尔出版。

得到安慰，被抚摸，多么幸福，思想自由翱翔，他在长凳上收到真实的食物。但愿他知道，首先，上帝给他恩泽，让他有这个祖国，这个祖国颁布法律，用鲜血编纂上帝公正的法律，博爱的法律，所有民族的上帝通过法国说出。

祖国首先是教义和原则。然后，祖国是传说 ：我们两次赎买，通过奥尔良的圣女贞德，通过大革命，1792年的猛进，年轻旗帜的奇迹，我们年轻的深受爱戴的将领，因敌人而伤心，马赫索的纯洁，奥什的宽宏大量，阿尔科莱和奥斯特里茨的荣光，恺撒和恺撒二世，在他们身上，我们更伟大的国王显得更加伟大……当法国发自内心地给所有人以自由和和平，我们至上的全体会议的光荣显得更加无上，1789年的温和天性和真正人性更加凸显……最后，从所有这些事情上，为了最重要的教训，我们的父亲展现出的献身和牺牲的无限能力，如同很多次法国为了世界献出它的生命。

孩子，但愿这是你的第一个福音，你生活的支持，你心灵的食粮。你回想起它，在徒劳的繁重的工作中，贫困很快要抛弃你。对你来说，它将是强有力的补药，不时地来使你复苏。在每天漫长的耕耘中，在手工制造枯燥乏味中，它来缓和你的回忆；你能在非洲沙漠找到它，作为解除国家痛苦的解药，消除行走和熬夜带来的疲惫，作为距野蛮人两步之遥的前沿哨兵。

孩子们会认识世界，不过首先要认识他们自己，找到他们的优势，我想说的是在法国。剩下的，他们通过法国来学习。让法国，对他们启蒙，告诉他们法国的传统。它来告诉他们三个它收到的启示，罗马如何教给它正义，希腊如何教给它美，犹太教给它神圣。它重新读它的至高教育，母亲给它第一课；这一课教给它上帝，祖母教给它爱的教义，人形的上帝，基督教，爱是为何，不可能在充满仇恨的野蛮的时期，在中世纪，通过革命，被写进法律，为了人内心的上帝能显现出来。

如果我来写本有关教育的书，我会写出普通教育如何因专业教育（初中，培训工场）而中断，应该在旗帜下重振起来，为了年轻的士兵。祖国应该把他付出的时间补偿给他。回到他的家里，它应该跟随他，不应只像法律那样，去统治区惩罚，像世俗的神意，像宗教文化，道德文化，通过全体会议、全民图书馆、各种戏剧演出、节日庆典特别是音乐表演来起作用。

教育要持续多久？跟生命一样长。

政治的第一部分是什么？教育。第二部分呢？还是教育。第三部分？同样是教育。在历史中我变老了好多，为了相信法律，当它们还没有被制定出来的时候，当长久以来，人还没有学会爱，学会需要法律的时候。少一点法律吧，我请求你们！可是，你们通过教育增强法律原则吧；让法律能够实施并成为可能吧；做真正的人吧，一切都会顺利[①]。

政治给我们带来秩序、和平、公共安全！可为什么都是益处？为了享受喜悦，为了使我们在一种自私自利的安静中麻木，为了使我们不再互爱，不再相互联系？……如果这就是政治的目的，我希望它灭亡。对我来说，我宁愿相信如果这个秩序，这个巨大

① 我们把宪法计划归功于杜尔哥，一个自古以来最伟大最杰出的人物，在这个计划中，他在国家之前建立了市镇，在市镇之前通过教育缔造了人。这是十分值得敬佩的。不过，他要求市镇提供的教育应该来源于国家，来源于祖国。这不是只关市镇的事。

的社会和谐是一个目的，是为了帮助自由进步，是为了让每个人促进每个人的进步。社会应该只是一个启蒙，从出生到死亡的启蒙，一个教育，包括在这个世界里的我们的生活，安排今后的生活。

教育，这个词完全没被理解透，不仅仅是父亲对儿子的培养，同样地，甚至更多的是，是儿子对父亲成长的促进。如果我们可以从精神虚弱中恢复过来，那是因为有孩子们的帮助，也是我们为了他们所一直努力做的。这里面最糟糕的就是希望孩子好，这样的人没有对人性、对祖国做出一点牺牲，更谈不上对家庭的牺牲了。如果他没有同时失去感觉和道德观念，他会怜悯这个小孩，这个有可能变得跟他一样的小孩……你们，深入灵魂挖掘吧，看到都是腐烂变质的、空洞无物的，然而，在最深处，你们几乎总会看到一个坚固的本质，那就是永恒的爱。

好了！以孩子们的名义，我请求，我们不要让祖国灭亡。你们想把失败传给他们？带走他们的厄运？……未来的厄运，世界的厄运，可能会消失1000年，如果法国灭亡的话。

你们不救你们的孩子，和他们一起的法国，还有世界，只为唯一的一件事：在他们那里确立信仰。

信仰献身，信仰牺牲，信仰一个巨大的联合，在这个巨大联合中所有人为所有人牺牲一切，我想说这个就是祖国。

这里，我知道，教育是件很困难的事情，因为话语不够，需要更多实例。牺牲的力量和高尚，在我们父辈那里是如此普遍，在我们这一代好像消失了。这是我们的恶、仇恨，内部不协调的真正根源，这种不协调让国家变得虚弱得要死去，成为世界的笑柄。

如果我拿走除了最好和最体面的那部分，如果我催促他们一下，我会看到他们每个人，表面上大公无私，事实上，还保留着某个小小的东西，不愿平白无故地牺牲。你们问问那剩下的那些人……那些把生命献给法国的人；他们没有牺牲娱乐消遣，没有牺牲自己的习惯，没有牺牲自己的怪癖……

无论人们说什么，总还是有些在金钱方面单纯简单的人；不过，在自尊上，他们也这样吗？他们脱掉手套，向在命运的崎岖不平的山间小路上攀登的穷人伸出手？……然而，我跟您说这个，先生，您的白净冰冷的手，如果它没有触碰到另一只，有力的温暖的有活力的手，它不会做出人生成就。

我们的习惯比我们的享乐更珍贵，可是，在某一刻还是要牺牲掉。这就是斗争时刻的来临……

心灵有它的习惯，它的亲密关系，现在这些都混合在一起，在它充满活力的感情中，它们还有其他的有活力的感情……这很难去除掉……在写这本书的时候，我有时候会有这种感觉，在书中，我就伤害过对我来说很珍贵的感情。

首先是中世纪，在那里我度过了我一生，在我的故事中我重现了感人的无力的憧憬，我应该跟它说：停下！今天，不纯的双手把它从坟墓中拉出来，把这块石头放在我们面前，把我们抛弃在未来的道路上。

另一个信仰是哲学的人道主义梦想，它相信通过毁灭公民、否认民族、公开放弃祖国就能拯救个体……我也牺牲过这种梦想。祖国，只有我的祖国能拯救世界。

从富有诗意的传奇到逻辑，从逻辑到信仰，到心灵，这就是我走过的路。

在这心灵和这信仰中，我发现了相当多的古老的东西，它们在抗议……友情，最后的阻碍没能让我在处于危难中的祖国面前停下……它接受了这份牺牲！我在这个世上拥有的，我的友情，我把它们献给了这个世界，为了给祖国漂亮的名字，这个名字是曾经的法国发现的，我把我的友情放在伟大友情的祭台上。

完

出版后记

本书是法国最早和最伟大的民族主义和浪漫主义历史学家儒勒·米什莱于1845年写就的经典作品，主要歌颂底层的劳动者，表达对祖国的热爱之情，被誉为救赎的戏剧。

我们翻译引荐这部作品，主要用之进行学术研讨和商榷的镜鉴，对其部分观点和文字我们应持批评和拿来主义态度，作品仅仅代表作者本人的观点。希望读者在阅读中能够借鉴吸收其有益的建设性的部分。

图书在版编目(CIP)数据

论人民 / (法) 米什莱著 ; 袁浩译. — 长春 : 吉林出版集团股份有限公司， 2016.5

ISBN 978-7-5581-0841-9

Ⅰ. ①论… Ⅱ. ①米… ②袁… Ⅲ. ①世界史－研究 Ⅳ. ①K107

中国版本图书馆CIP数据核字(2016)第087792号

论人民

著　　者　[法]儒勒・米什莱
译　　者　袁　浩
出 品 人　刘丛星
创　　意　吉林出版集团・北京汉阅传播
总 策 划　崔文辉
策划编辑　刘训练　顾学云
责任编辑　顾学云
装帧设计　未　氓
开　　本　650mm×960mm　1/16
印　　张　15
版　　次　2016年6月第1版
印　　次　2016年6月第1次印刷

出　　版　吉林出版集团股份有限公司
发　　行　北京吉版图书有限责任公司
地　　址　北京市西城区椿树园15－18号底商A222
邮编：100052
电　　话　总编办：010－63109269
发行部：010－63104979
官方微信　Han-read
邮　　箱　jlpg-bj@vip.sina.com
印　　刷　北京市松源印刷有限公司

ISBN 978-7-5581-0841-9　　定价　58.00元

版权所有　侵权必究